Par-Delà le Deuil

DÉVELOPPEMENT PERSONNEL

Benak

Published by Benak, 2024.

PAR-DELÀ LE DEUIL

First edition. September 22, 2024.

Copyright © 2024 Benak.

ISBN: 979-8227404329

Written by Benak.

Mot de l'auteur

En me glissant dans le rôle de conteur de cette épopée sur le deuil, je suis animé par un désir profond : tendre la main à ceux qui, sur le chemin sinueux de la vie, se trouvent enveloppés dans l'ombre froide du deuil. Je ne suis pas un étranger à ces contrées sombres ; j'ai moi-même été baptisé dans les flammes ardentes du deuil, façonné et transformé par son toucher impitoyable. J'ai arpenté les dédales perplexes de ce voyage, j'ai connu ses dédales, ses impasses, ses moments où l'on se sent égaré et accablé sous le poids de l'incompréhension.

Le livre que je compose se veut une lueur d'espoir dans les ténèbres pour ceux en deuil. Mon ambition est de fournir un guide, un soutien, des outils et des conseils pour faire face au deuil, pour continuer à embrasser la vie même après avoir été ébranlé par une perte. Je m'efforce de dévoiler les multiples visages du deuil, d'offrir des passages pour transcender cette épreuve, de partager des stratégies pour prendre soin de soi dans ces moments de fragilité et de tracer des voies pour reprendre le cours de la vie après avoir été touché par le deuil.

Ce récit est également un effort pour briser les chaînes des tabous qui enveloppent le deuil, en créant un ouvrage qui aborde cette expérience de manière ouverte, sincère et authentique. Je souhaite intégrer dans ces pages les récits de ceux qui ont dansé avec le deuil, tissant un réseau de voix et d'expériences, dans l'espoir que ce livre puisse servir de phare pour ceux qui cherchent à comprendre et à transcender leur propre deuil.

À travers ces mots, j'aspire à toucher les cœurs et les esprits, à offrir un espace de réconfort et de compréhension. Je veux montrer que le deuil, bien qu'étant un adversaire redoutable, n'est pas un ennemi insurmontable. Il est possible de trouver un chemin à travers le chagrin, de découvrir une force insoupçonnée en soi, et de se reconnecter avec la beauté de la vie, même après avoir été touché par la perte.

Ce livre est donc plus qu'une simple compilation de mots et de chapitres ; c'est une odyssée personnelle et collective, un voyage à travers les eaux tumultueuses du deuil. C'est une invitation à explorer le paysage du chagrin, à apprendre à naviguer dans ses courants, à découvrir la résilience de l'esprit humain et à renaître, transformé et enrichi, de l'autre côté du deuil.

En partageant mon vécu et en rassemblant les expériences des autres, je vise à tisser un tapis de récits qui offre à la fois un réconfort et un guide pour traverser ces moments difficiles. Ce livre est un testament à la capacité de l'âme humaine de trouver de la lumière dans l'obscurité, de l'espoir dans le désespoir, et de la beauté dans la douleur. Il est un hommage à notre incroyable capacité de résilience, à notre inépuisable quête de sens et à notre indomptable désir de continuer à aimer, à vivre et à rêver, même face à l'inimaginable.

Le deuil, ce rite de passage universel et inévitable, tisse sa toile dans la trame de chaque existence humaine. Cependant, malgré son omniprésence, il demeure souvent un sujet voilé de silence, un tabou que l'on hésite à briser. Dans ces pages, j'aspire à démanteler ces interdits, à encourager un dialogue ouvert sur le deuil, pour créer une culture où partager cette épreuve devient non seulement possible, mais aussi libérateur. Par cette parole libérée, ceux en deuil pourront se sentir moins isolés, comprenant que leur expérience est une facette normale et universelle de l'existence humaine.

Ce livre se veut être un phare éclairant les aspects variés et complexes du deuil. Il offre un aperçu clair et accessible des différents types de deuils, de leurs origines profondes, et des chemins pour les transcender. Au fil des pages, vous trouverez des conseils pratiques pour affronter le deuil, des suggestions pour prendre soin de soi dans ces moments de vulnérabilité, et des pistes pour continuer à vivre après un deuil.

Les lecteurs y découvriront également des récits poignants de ceux qui ont voyagé à travers le paysage du deuil, des histoires qui résonnent avec vérité et profondeur. J'inclus aussi des références à des lectures enrichissantes et des ressources complémentaires, offrant ainsi une multitude de perspectives et une profondeur de compréhension sur ce sujet.

Ce livre est conçu pour être plus qu'un simple guide ; il est un coffre d'outils, une source de réconfort et d'inspiration pour ceux qui traversent les eaux troubles du deuil. Il aspire à briser les chaînes des tabous qui étouffent les conversations sur le deuil, pour établir une culture où la libre expression de cette expérience devient une norme bienveillante.

Ce manuscrit est une invitation à embrasser le deuil non comme un ennemi, mais comme une partie intégrante de notre voyage humain. C'est une quête pour comprendre le deuil, pour l'apprivoiser, pour en extraire des leçons de vie, de résilience et d'espoir. Ce livre se propose d'être une boussole pour ceux qui cherchent à comprendre leur propre expérience du deuil, à la transcender, à en trouver un sens et, finalement, à poursuivre leur chemin avec une nouvelle sagesse.

À travers ces pages, j'espère instiller un sentiment de solidarité, une assurance que dans le vaste océan du deuil, aucun de nous n'est réellement seul. Mon désir est que ce livre serve de pont entre les âmes en deuil, offrant un espace pour partager, pour guérir, et pour grandir. Ce livre est un hommage à la force de l'esprit humain, à sa capacité à surmonter les épreuves les plus douloureuses et à trouver dans ces épreuves la lumière d'une compréhension plus profonde et d'une compassion élargie.

En somme, ce livre est une tape sur l'épaule, un murmure dans l'oreille, un regard compréhensif dans les moments de solitude. Il est un compagnon pour ceux qui marchent dans l'ombre du deuil, un guide vers un chemin de lumière, de compréhension et de renouveau.

Introduction

Nous voyageons tous, à un moment ou un autre, dans le labyrinthe sombre et mystérieux de la perte et du deuil. Ce périple, semblable à un rite ancestral et universel, s'inscrit dans le marbre de la condition humaine, une composante inéluctable de notre existence sur cette terre éphémère. Nos pertes, aussi diverses que les étoiles dans le ciel nocturne, peuvent prendre la forme d'une vie chère qui s'éteint, d'une vocation qui nous définissait s'évanouissant dans l'ombre, de la disparition d'un compagnon à fourrure qui illuminait nos jours de sa présence silencieuse, ou encore de l'érosion d'un rôle social qui façonnait notre identité.

Le deuil est une danse complexe et intime avec les spectres du passé. Il nous secoue dans les tréfonds de notre âme, bouleversant non seulement notre équilibre émotionnel et psychologique, mais aussi influençant nos réalités physiques, sociales et spirituelles. Dans ce ballet des souvenirs, nous naviguons entre les vagues de la mélancolie et les courants de l'acceptation, cherchant à trouver un équilibre précaire dans le tourbillon de nos émotions.

Comme un ruisseau qui serpente capricieusement à travers une forêt dense, le deuil trace son propre chemin à travers le tissu de notre vie. Comprendre que le deuil n'est pas une anomalie, mais une réponse naturelle et normale aux pertes que nous subissons, est essentiel. Bien qu'il puisse être déchirant et épuisant, le deuil n'est pas un cul-de-sac sans espoir. Au contraire, c'est un chemin tortueux, souvent solitaire, sur lequel chaque personne avance à son propre rythme, avec ses propres méandres et détours.

Il n'existe pas de carte universelle pour naviguer dans les méandres du deuil. Chacun de nous, avec nos expériences et nos souvenirs, dessinons notre propre carte, marquée par les contours de notre vécu personnel.

Sur ce chemin, les souvenirs deviennent des lanternes qui éclairent nos pas, tandis que les larmes se transforment en rivières qui purifient notre cœur meurtri.

Dans ce voyage, les moments passés avec ceux que nous avons perdus deviennent des trésors précieux, enfermés dans les coffres de notre mémoire. Chaque souvenir, tel un joyau scintillant, évoque un sourire, un geste, un mot doux, des éclats de rire qui résonnent dans le silence de notre solitude. Ces souvenirs, tels des phares dans la nuit noire de notre chagrin, nous guident vers un rivage de paix et d'acceptation.

Le deuil nous enseigne aussi l'importance de la résilience et de la force intérieure. À travers les larmes et les nuits sans fin, nous découvrons en nous une force insoupçonnée, une capacité à endurer et à persévérer. Dans cette épreuve, nous apprenons l'art de la patience et de la compassion, non seulement envers nous-mêmes, mais aussi envers ceux qui nous entourent et qui traversent leurs propres tempêtes intérieures.

Le deuil, en fin de compte, est un voyage vers une compréhension plus profonde de la fragilité et de la valeur précieuse de la vie. Il nous rappelle que chaque instant est un cadeau, que chaque souffle est un murmure de la vie qui continue malgré tout. Dans cette prise de conscience, nous trouvons un nouveau sens à notre existence, une nouvelle appréciation pour les moments partagés et les liens qui nous unissent aux autres.

En parcourant ce chemin, nous apprenons à accueillir la tristesse avec grâce, à embrasser la mélancolie sans nous y noyer. Nous apprenons que le deuil n'est pas un état permanent, mais un passage, une métamorphose, un rite de passage vers une nouvelle compréhension de la vie et de la mort. Dans ce voyage, nous ne sommes jamais vraiment seuls. Les souvenirs de ceux que nous avons perdus, leurs enseignements, leurs rires et leurs larmes, nous accompagnent, guidant nos pas vers un avenir où la douleur se transforme en sagesse, et où le deuil devient un témoignage d'amour éternel.

Cependant, si le deuil peut nous plonger dans un océan de douleur, il nous offre aussi la possibilité d'apprendre à naviguer sur ces eaux tumultueuses et de trouver un rivage apaisant. Ce manuscrit se veut un phare pour ceux emportés dans la tempête du deuil, éclairant les multiples facettes de cette épreuve, son ancrage profond dans nos existences, ses diverses manifestations, et les chemins possibles pour trouver réconfort et apaisement dans notre chagrin.

Ce livre a pour dessein de vous guider dans la compréhension du deuil sous toutes ses formes, et de vous munir d'outils pour métamorphoser votre douleur en une source de puissance. Il est conçu pour vous enseigner comment embrasser votre deuil, comment parcourir le chemin vers la guérison. Il s'efforce de démontrer que, bien que le deuil puisse se dresser tel un adversaire implacable, il est possible de surmonter les obstacles qu'il disperse sur notre route.

Le deuil est l'écho de l'amour que nous avons perdu, une réponse émotionnelle et psychologique au vide créé par une perte. Il est une tempête qui gronde en nous, née de l'absence d'un être cher, d'une chose ou d'un statut qui nous était cher. C'est un processus naturel et inévitable qui, bien qu'il puisse nous déchirer de l'intérieur, détient également le pouvoir de nous reconstruire, de nous permettre de cicatriser et de poursuivre notre voyage de vie. C'est un compagnon exigeant, mais incontournable sur la route de l'existence. Nous espérons que ce livre vous accompagnera dans votre parcours personnel à travers le deuil et vous aidera à découvrir la lumière de la vie au-delà des ténèbres.

Dans ces pages, vous découvrirez que le deuil n'est pas simplement une série d'étapes à franchir, mais un voyage unique et personnel, marqué par des moments de désespoir et de révélation. Vous apprendrez à reconnaître les différentes formes que le deuil peut prendre, à comprendre comment il s'infiltre dans nos pensées, nos rêves, et même nos activités quotidiennes. Vous explorerez les moyens de faire face à l'intensité des émotions, de trouver du réconfort dans les souvenirs, et de tirer des leçons des moments les plus sombres.

Nous aborderons également l'importance de l'expression des émotions, de l'acceptation de la réalité de la perte, et du temps nécessaire pour guérir. Ce livre met en lumière le fait que le deuil n'est pas un ennemi à vaincre, mais un aspect de notre humanité à comprendre et à intégrer. Il est question de réapprendre à vivre avec une partie de soi transformée, de trouver de nouveaux sens et de nouvelles joies malgré l'absence.

Vous y trouverez des histoires, des réflexions, et des exercices pratiques qui vous aideront à naviguer dans vos propres eaux troubles. Chaque chapitre est conçu pour vous offrir une lueur d'espoir et de compréhension, pour vous montrer que même dans les profondeurs du deuil, il est possible de retrouver un sentiment de paix et de reconnexion avec la vie.

Ce livre est une invitation à embrasser le deuil non pas comme la fin du voyage, mais comme une étape cruciale vers une compréhension plus profonde de soi-même et du monde. Il cherche à vous guider à travers les vagues tumultueuses du deuil, pour vous mener vers un rivage où la douleur se transforme en sagesse, où les larmes se transforment en perles de force, et où le souvenir devient un pont vers l'avenir.

Dans ces pages, vous apprendrez que le deuil, bien qu'il soit une épreuve, est aussi une opportunité de croissance personnelle et de renouveau. C'est un chemin parsemé d'obstacles, mais aussi de découvertes inattendues sur soi-même et sur la nature de l'amour. En fin de compte, ce livre vise à vous montrer que, même dans les heures les plus sombres, il existe une lumière d'espoir et un chemin vers un avenir où le chagrin se fond dans un paysage plus vaste d'amour, de gratitude et de renouveau.

Les facettes multiples du deuil

Dans les méandres labyrinthiques du deuil, où chaque sentier représente une nuance différente de cette expérience, je vous invite à me suivre. Laissez-moi être votre guide à travers ce labyrinthe des émotions, où chaque étape et chaque réaction façonne un pan de notre voyage intérieur.

1- La sphère émotionnelle : imaginez un orage soudain éclatant dans un ciel autrefois serein, tel est le deuil qui déclenche une tempête d'émotions. La tristesse nous enveloppe de son manteau pesant, nous plongeant dans un océan de larmes. Telle une vague implacable, elle nous emporte, nous submerge, nous laisse flotter dans un univers où le chagrin est notre seule compagnie.

La colère, quant à elle, surgit comme une flamme féroce et ardente, un feu qui brûle avec l'intensité de l'injustice subie. Elle nous secoue, nous pousse à nous débattre contre la cruelle réalité de notre perte, nous laissant épuisés, mais vivifiés par son énergie brûlante. La colère est le cri de notre cœur face à l'inacceptable, un refus véhément de se soumettre à la fatalité.

La culpabilité, lourde et oppressante, pèse sur notre poitrine tel un rocher impitoyable. Elle nous torture avec des "si seulement", des regrets qui tournent en boucle dans notre esprit, des questions sans réponses qui hantent nos nuits. Cette pierre de culpabilité est le fardeau des moments perdus, des mots non-dits, des chances non saisies.

Et puis, il y a la peur, cette ombre qui rôde à la périphérie de notre conscience. Elle nous fait frémir à l'idée d'un avenir orphelin de nos êtres chers, de notre ancienne existence. Cette peur génère des vagues d'anxiété, un sentiment d'insécurité face à un monde qui a perdu une part de son sens, de sa couleur.

Chaque émotion, dans son intensité et sa vérité, est un écho de notre amour et de notre attachement. Elles sont les témoins de la profondeur de nos liens, des marques indélébiles de notre humanité. Chacune d'elles, dans sa douleur et sa force, fait partie intégrante de l'expérience universelle du deuil.

Ce voyage à travers la sphère émotionnelle du deuil est un chemin nécessaire, un parcours qui nous permet de pleurer, de nous révolter, de regretter, et enfin, de commencer à guérir. Chaque larme, chaque cri de colère, chaque soupir de regret est une étape vers la compréhension, vers l'acceptation, vers la paix. Dans ce labyrinthe des émotions, nous apprenons à embrasser notre vulnérabilité, à accepter notre fragilité, et à reconnaître la force qui réside dans notre capacité à ressentir profondément.

En traversant ces voies émotionnelles, nous honorons non seulement ceux que nous avons perdus, mais aussi nous-mêmes, dans toute notre complexité et notre humanité. Chaque pas dans ce labyrinthe est un pas vers une compréhension plus profonde de nous-mêmes, un pas vers un avenir où la douleur cède la place à la sagesse, où le deuil devient un pont vers un renouveau intérieur.

2- Les transformations physiques : dans le sillage du deuil, notre corps se fait l'écho de l'âme en souffrance. Comme si chaque fibre de notre être réagissait à la douleur intérieure, nous sommes assaillis de symptômes physiques - des maux de tête lancinants, des nuits peuplées d'insomnies et des appétits capricieux. Ces manifestations corporelles ne sont pas de simples réactions physiologiques ; elles sont le miroir de notre tourment intérieur, une preuve palpable que le deuil est une expérience holistique, embrassant chaque aspect de notre existence.

Ces changements physiques, subtils ou accablants, sont les signaux de notre corps qui pleure, qui se débat dans l'océan tumultueux du chagrin. Ils nous rappellent que le deuil n'est pas seulement une cicatrice de l'âme mais aussi une blessure du corps, une marque indélébile de la perte que nous avons subie. Dans ces moments, nos corps deviennent des terrains où se jouent les drames de l'âme, où chaque battement de cœur est un rappel de l'absence, chaque souffle un murmure de nostalgie.

3- Les révolutions sociales : la perte provoque également un séisme dans le paysage de nos relations sociales. Comme des îles soudainement isolées par un cataclysme, nous nous retrouvons éloignés du monde extérieur, notre douleur formant une barrière invisible mais infranchissable. Les interactions sociales, autrefois sources de joie et de réconfort, deviennent des labyrinthes complexes, des épreuves qui semblent insurmontables.

Dans cette nouvelle réalité, notre confiance en nous-même vacille, ébranlée par le bouleversement de notre univers personnel. Nous sommes confrontés à l'incertitude de notre place dans un monde qui semble avoir changé du jour au lendemain, un monde où nos repères habituels ont été balayés par la tempête du deuil. Cette révolution sociale n'est pas simplement un changement dans nos interactions, mais un questionnement profond sur notre identité, sur notre rôle dans le tissu des relations humaines.

Le deuil, dans ses répercussions physiques et sociales, est un voyage à travers un paysage transformé, un monde où nos corps et nos liens sociaux sont remis en question, redéfinis. C'est un chemin semé d'obstacles, mais aussi de possibilités de renouveau, où nous apprenons à naviguer dans un environnement changé, à redécouvrir notre place parmi les autres, à reconstruire notre identité sur les ruines de notre ancien moi. Dans ce voyage, nous sommes invités à redéfinir nos relations, à écouter les murmures de nos corps, et à trouver un nouvel équilibre dans un monde réinventé par le deuil.

4- Les métamorphoses cognitives : dans l'ombre du deuil, nos pensées et perceptions subissent une métamorphose subtile. Tel un voile brumeux recouvrant le paysage de notre esprit, le deuil peut voiler notre concentration, éroder notre mémoire, semer le doute dans nos décisions et altérer notre jugement des situations. Tel un brouillard qui s'infiltre dans les recoins de notre esprit, il remet en question nos croyances, tant sur nous-mêmes que sur les autres, révélant un monde intérieur aussi chamboulé que notre monde extérieur par la perte.

Cette transformation cognitive est une épreuve de notre résilience, un test de notre capacité à naviguer dans un univers mental redéfini. Nos pensées, autrefois claires et ordonnées, peuvent sembler désormais floues et désordonnées, comme des étoiles voilées par les nuages du chagrin. Mais dans ce désordre, il y a aussi une possibilité de renouvellement, une opportunité de redécouvrir et de reconstruire notre monde intérieur.

5- Les évolutions spirituelles : face à la perte, nous sommes souvent conduits à une introspection spirituelle profonde, à un questionnement sur les mystères de la vie, de l'âme, et sur nos convictions spirituelles ou religieuses. Ce sont des moments où nos valeurs les plus profondes sont scrutées, où notre compréhension de l'existence et du sens de la vie est mise à l'épreuve.

Ces évolutions spirituelles peuvent être déstabilisantes, mais elles sont aussi enrichissantes. Elles nous amènent à repenser notre rapport au monde, à la vie, à la mort, et à tout ce qui se trouve entre les deux. Dans ce processus, nous pouvons découvrir de nouvelles vérités, de nouvelles manières de percevoir le monde, et peut-être même une paix intérieure renouvelée.

Il est crucial de reconnaître que ces aspects du deuil sont entrelacés comme les fils d'un tissu complexe et richement texturé. Le parcours de chaque personne à travers ce labyrinthe est unique. Comme nos chemins de vie sont distincts et personnels, nos chemins dans le deuil le sont également. C'est une danse avec l'ombre et la lumière, une danse où nous apprenons à évoluer à notre propre rythme, avec nos propres mouvements, nos propres pas.

Naviguer dans le deuil est donc un voyage personnel et profondément introspectif. C'est un chemin qui nous mène à travers des transformations et des évolutions, non seulement dans notre façon de penser et de ressentir, mais aussi dans notre façon de voir et de comprendre le monde et notre place en son sein. Chaque étape de ce voyage est une occasion d'apprendre, de grandir, et finalement, de trouver un nouveau sens à notre existence dans un monde changé.

La réaction émotionnelle

La réponse émotionnelle face au deuil est un kaléidoscope complexe, qui peut présenter des nuances radicalement différentes d'une personne à l'autre. Parmi les émotions fréquemment rencontrées en période de deuil, on compte la tristesse, la colère, le sentiment de culpabilité, la peur, le déni, l'anxiété, l'isolement et le désespoir. Ces émotions peuvent être particulièrement intenses, se succédant rapidement ou alternant de manière plus lente.

Imaginons une âme qui vient de perdre un être cher. La tristesse et la douleur sont aussi profondes que l'océan, la perte semble insurmontable et les larmes sont une constante. Cette personne peut également ressentir de la colère, envers la divinité, la personne responsable du décès, ou même envers celui qui est parti, la laissant seule face à l'absence. Le sentiment de culpabilité pourrait surgir, une pensée obsédante que l'on n'a pas assez veillé sur l'être cher, ou que l'on n'a pas exprimé ses sentiments alors qu'il en était encore temps.

Envisageons maintenant quelqu'un qui traverse la tempête d'une rupture sentimentale. La colère et la tristesse à l'égard de son partenaire peuvent être les premières émotions à se manifester. La culpabilité pourrait suivre, le doute qu'on n'a pas été assez bon, ou qu'une faute commise a causé la séparation. Et finalement, la peur pourrait s'installer, la peur d'un avenir solitaire, la crainte de ne jamais retrouver l'amour.

Il est essentiel de comprendre que ces réactions émotionnelles sont naturelles, et ne sont en aucun cas le signe d'une instabilité ou d'une incapacité à gérer le deuil. Il est vital d'accorder à chacun l'espace pour exprimer ses émotions et de lui apporter du soutien dans ce processus. Il est aussi crucial de comprendre que l'intensité et la durée de ces réactions émotionnelles peuvent varier selon les individus et ne sont pas nécessairement vécues de la même manière par tous.

Voici quelques autres illustrations de réactions émotionnelles souvent rencontrées lors d'un deuil :

1- Une personne qui vient de perdre son emploi peut ressentir de la colère envers son employeur ou les circonstances qui ont conduit à sa mise à pied. L'anxiété peut s'immiscer en pensant aux difficultés financières à venir et à la quête d'un nouvel emploi.

2- Une personne qui vient de perdre un animal de compagnie peut être submergée par une tristesse profonde et un sentiment d'isolement, ayant perdu un compagnon fidèle qui occupait une place significative dans sa vie. La culpabilité peut également faire surface, avec l'interrogation obsédante de savoir si elle aurait pu faire quelque chose pour empêcher la mort de son animal de compagnie.

3- Une personne qui vient de perdre un rôle clé ou une situation sociale importante, comme un mariage, peut ressentir de la tristesse, de la colère et de la culpabilité, se sentant responsable de la fin de cette relation ou situation. La peur et l'anxiété peuvent également surgir, face à l'avenir incertain et la perspective de la reconstruction de sa vie.

Il est important de noter que ces réactions émotionnelles ne sont pas fixes ; elles sont comme des vagues sur l'océan, changeantes et évolutives, et ne sont pas systématiquement ressenties de la même manière par tout le monde. Au cœur de la tempête émotionnelle du deuil, il est essentiel de se souvenir que ce que vous ressentez est normal. Il n'y a pas de bonne ou mauvaise façon de vivre le deuil. Chaque personne est un univers unique et sa façon de vivre le deuil sera tout aussi unique.

Il est crucial de se donner la permission d'éprouver ces émotions et de s'y attarder sans jugement. Parfois, la tristesse peut être si écrasante qu'elle devient insupportable, et d'autres fois, la colère peut être si vive qu'elle brûle tout sur son passage. La culpabilité peut s'infiltrer comme une ombre, suggérant des « si seulement » et des « et si ». Mais sachez que ces émotions sont votre droit en tant qu'être humain. Elles sont le reflet de votre amour, de votre attachement et de votre humanité.

En même temps, il est vital de comprendre que ces émotions ne définissent pas qui vous êtes. Elles sont des visiteuses temporaires dans le paysage de votre âme. Elles viennent avec un message pour vous, peut-être un appel à la compassion, à la patience, à l'acceptation ou à la libération.

Il est également important de se rappeler que vous n'êtes pas seul dans ce voyage. Il y a d'autres âmes qui traversent le même océan de douleur. Il y a aussi des guides, des soutiens et des ressources disponibles pour vous aider à naviguer à travers les eaux tumultueuses du deuil.

En fin de compte, le deuil est un voyage de transformation. Il brise les coquilles qui nous enferment et nous ouvre à des profondeurs de compassion, de sagesse et d'amour que nous n'aurions peut-être jamais découvertes autrement. C'est un voyage difficile, certes, mais c'est aussi un voyage qui peut mener à une guérison profonde et à une croissance personnelle. Le deuil est une partie de la vie, tout comme l'amour, la joie, la douleur et le rire. C'est une partie du grand tissu de l'existence humaine. Et dans le grand plan de l'Univers, tout a sa place, y compris le deuil.

Alors, à vous qui traversez le deuil, je vous dis : vous êtes fort. Vous êtes résilient. Et vous n'êtes pas seul. Vous êtes en voyage, un voyage qui est aussi vieux que l'humanité elle-même. Et en dépit de la douleur et de la confusion, vous trouverez votre chemin. Parce que vous avez en vous une force incroyable et une capacité de guérison que vous ne soupçonniez peut-être même pas.

Et rappelez-vous : il y a toujours de l'espoir, même dans les moments les plus sombres. Parce que même dans la nuit la plus noire, l'aube finit toujours par arriver.

Dans le voyage émotionnel qu'est le deuil, chaque individu marche à son rythme unique. Certaines âmes peuvent ressentir des réactions plus profondes ou plus durables, comme si elles traversaient un désert sans fin. D'autres semblent être plus résilientes, traversant rapidement la tempête du deuil, comme une rivière qui coule avec une fluidité apparente. Cependant, il est essentiel de rappeler que toutes ces réactions émotionnelles sont normales et nécessaires. Elles sont comme les vagues de l'océan qui façonnent le rivage, permettant à l'individu de faire face à la perte, de l'accepter et de continuer à naviguer dans le flux de la vie.

Il est indéniablement vital d'apporter un soutien sincère et une écoute bienveillante à ceux qui naviguent dans les eaux tumultueuses du deuil. Il est tout aussi important de les aider à trouver des moyens de gérer leurs émotions d'une manière saine, comme un marin apprend à utiliser les vents et les courants pour naviguer en toute sécurité.

Certaines personnes peuvent ressentir des réactions émotionnelles plus spécifiques liées au deuil, comme le « Bargaining » ou la négociation. C'est comme s'ils essayaient de négocier avec l'univers, de troquer quelque chose en échange de la perte qu'ils ont subie. Par exemple, une personne qui vient de perdre un être cher peut se dire : « Si seulement j'avais fait ceci ou cela, il serait encore en vie » ou « Si je promets de changer certaines choses dans ma vie, peut-être pourrais-je le/la ramener ». C'est comme s'ils étaient engagés dans une danse délicate avec la réalité, essayant de réécrire le passé ou de négocier un futur différent.

Il est également courant que les personnes en deuil passent par des étapes de deuil, comme celles décrites par Élisabeth Kubler-Ross, qui comprennent le déni, la colère, la négociation, la tristesse et l'acceptation. Il est important de souligner que ces étapes ne sont pas toujours vécues dans un ordre précis, comme des étapes sur un chemin linéaire. Au contraire, elles peuvent être plus comme une danse, où certaines étapes sont revisitées, d'autres sont peut-être omises, et l'ordre peut varier d'une personne à l'autre.

En fin de compte, le deuil est un processus de transformation. C'est un voyage qui vous emmène au plus profond de vous-même, qui vous met en contact avec votre humanité, votre vulnérabilité, votre résilience.

Et rappelez-vous : même dans les moments les plus sombres, il y a toujours une lueur d'espoir. Parce que chaque nuit est suivie par l'aube. Chaque hiver est suivi par le printemps. Et chaque deuil peut ouvrir la voie à la guérison, à la croissance et à une nouvelle compréhension de la vie et de vous-même.

Ce n'est pas un voyage facile, certes. Il y aura des moments de douleur aiguë, de confusion, de doute et de questionnement. Il y aura des moments où vous vous sentirez peut-être perdu et déconnecté. Mais sachez que ces moments font partie du processus. Ils sont comme les graines qui sont plantées dans l'obscurité de la terre et qui, avec le temps, germent et poussent vers la lumière.

Il est également important de ne pas se précipiter à travers le processus de deuil. Chaque personne a son propre rythme et son propre chemin à parcourir. Il n'y a pas de chronologie fixe pour le deuil. Certaines personnes peuvent traverser rapidement le processus de deuil, tandis que d'autres peuvent prendre plus de temps. Il est crucial de se donner la permission de vivre votre deuil à votre propre rythme, sans jugement ni comparaison.

Et pendant ce voyage, rappelez-vous de faire preuve de compassion envers vous-même. Vous traversez une période difficile, et il est important de prendre soin de vous. Trouvez des façons de prendre soin de vous, que ce soit par le repos, la méditation, le contact avec la nature, l'art, la thérapie, ou tout autre moyen qui vous aident à vous connecter à votre cœur et à votre âme.

De plus, n'hésitez pas à chercher du soutien. Que ce soit auprès d'amis, de la famille, de groupes de soutien, de conseillers ou de thérapeutes, il est essentiel de vous entourer de personnes qui peuvent vous soutenir et vous aider à traverser ce processus.

Il est également important de se rappeler que, même si le deuil est douloureux, il peut aussi être une voie vers la croissance et la transformation. Comme le disait le poète Rumi : « La blessure est l'endroit où la lumière entre en vous ». Par conséquent, même dans la douleur du deuil, il y a une possibilité de guérison, de croissance et de transformation.

Le deuil est un voyage du cœur. C'est un voyage qui peut vous amener à des profondeurs de douleur et de tristesse, mais aussi à des hauteurs de compassion, de compréhension et d'amour. C'est un voyage qui, finalement, peut vous ramener à vous-même, à votre propre cœur, et à l'amour qui réside en vous.

Alors, à vous qui traversez le deuil, je vous dis : vous n'êtes pas seul. Vous êtes en voyage, un voyage qui est aussi unique et précieux que vous l'êtes. Et même si ce voyage est semé d'obstacles et d'épreuves, il vous mène également à une transformation profonde et durable. Vous n'êtes pas ce qui vous arrive, mais plutôt comment vous y répondez. Et sachez que, quelle que soit la réaction que vous éprouvez, elle est valide, normale et parfaitement humaine.

Les émotions que vous ressentez, qu'elles soient intenses ou subtiles, durables ou éphémères, sont des témoins de votre humanité et de votre capacité à aimer et à ressentir. Accueillez-les, permettez-leur d'exister, de s'exprimer et de vous enseigner ce qu'elles ont à vous offrir.

La réaction de « Bargaining » ou négociation peut surgir comme une tentative de retrouver un semblant de contrôle sur la situation. C'est comme si, par le simple fait de négocier, vous pouviez réécrire le passé ou influencer le futur. Bien qu'il puisse sembler douloureux, ce comportement est une tentative pour atténuer la douleur de la perte.

Tout comme les saisons de la Terre, le deuil a ses propres étapes. Comme une danse, nous pouvons nous mouvoir entre ces étapes, revenir en arrière, sauter certaines et revenir à d'autres, au gré du rythme de notre propre musique. Chaque danse est unique, et votre danse du deuil l'est tout autant. Ne vous jugez pas ni ne vous comparez aux autres dans leurs propres danses. Vous êtes parfaitement en rythme avec votre propre musique, et chaque pas que vous faites, peu importe combien il peut sembler hésitant ou incertain, est le bon pas pour vous.

Finalement, le deuil, dans toute sa douleur et son chagrin, est une invitation à un voyage de découverte de soi, une occasion de vous connaître d'une manière que vous n'auriez peut-être jamais connue autrement. Dans ce sens, il peut être vu comme un cadeau, un cadeau difficile, certes, mais un cadeau néanmoins. Un cadeau qui vous invite à plonger dans les profondeurs de votre être, à rencontrer vos peurs, vos blessures, vos espoirs et vos rêves, et à en émerger transformé, plus entier et plus authentique.

Et à chaque pas que vous faites, à chaque larme que vous versez, à chaque sourire que vous esquissez, vous honorez votre être, votre amour et votre humanité. Et pour cela, je vous dis : merci. Vous êtes une bénédiction pour ce monde.

Les changements physiques

Le deuil est une expérience profondément humaine qui nous rappelle combien notre corps et notre esprit sont inextricablement liés. Il ne se limite pas aux frontières de notre cœur ou de notre esprit, mais s'étend à chaque fibre de notre être, touchant chaque cellule, chaque souffle que nous prenons.

Pendant le processus de deuil, vous pouvez remarquer des changements dans votre corps. Des signes physiques qui reflètent la douleur de votre cœur. Peut-être, rencontrez-vous des difficultés à trouver le sommeil, votre appétit semble avoir disparu ou des maux de tête persistants vous tourmentent. Votre corps peut sembler épuisé, peut-être ressentez-vous de la fatigue intense, des troubles digestifs ou des douleurs corporelles.

Ces symptômes peuvent être les émissaires silencieux de votre deuil, des signaux physiques qui indiquent le poids émotionnel que vous portez. Comme des vagues sur l'océan, vos émotions peuvent déclencher ces symptômes physiques. Le stress, l'anxiété, la tristesse - tous peuvent laisser des traces sur votre corps. C'est comme si votre corps traduisait les mots que votre cœur ne peut pas prononcer.

Plusieurs études ont examiné les changements physiques qui peuvent se produire lors du deuil. Une étude a observé que de nombreuses personnes qui ont perdu un conjoint rencontrent des troubles du sommeil, comme des insomnies ou des cauchemars récurrents. Il est comme si, dans le silence de la nuit, votre cœur cherche à comprendre, à accepter ce qui s'est passé.

De même, une perte d'appétit est souvent observée chez ceux qui sont en deuil. Les repas peuvent perdre leur goût, l'appétit peut se faire rare. Une étude portant sur des personnes qui ont perdu un enfant a révélé que la majorité d'entre elles ont connu une perte d'appétit significative, souvent accompagnée d'une perte de poids. Il est comme si votre corps reflétait l'énorme perte que vous avez subie, comme si chaque repas manqué était une manifestation de l'absence de l'être cher.

Enfin, une autre étude a révélé que des personnes ayant perdu leur emploi ont signalé une augmentation des maux de tête et des douleurs corporelles. Encore une fois, votre corps exprime le stress et l'anxiété que vous pouvez ressentir à cause de cette perte.

Ces symptômes physiques varient en intensité d'une personne à l'autre. Tout comme le deuil est une expérience personnelle, le chemin de chaque personne à travers les symptômes physiques du deuil est unique. Certaines personnes peuvent ressentir ces symptômes de manière plus intense, tandis que d'autres peuvent les ressentir de manière plus légère.

Ces symptômes physiques peuvent également être le signe d'autres problèmes de santé. Si vous ressentez des symptômes physiques persistants ou débilitants, je vous encourage à consulter un professionnel de la santé. Votre corps est une merveilleuse machine qui a une manière unique de communiquer ses besoins et ses préoccupations, et il est essentiel de l'écouter attentivement et de lui donner les soins dont il a besoin.

Lorsque nous traversons un deuil, notre corps porte la marque de cette souffrance, et c'est pourquoi il est essentiel de nous rappeler de prendre soin de nous-mêmes physiquement tout autant qu'émotionnellement. C'est aussi une invitation à intégrer davantage de soin et de compassion envers nous-mêmes dans notre quotidien. C'est un appel à prendre soin de notre corps, à le nourrir, à lui permettre de se reposer, à lui offrir du mouvement et à l'écouter lorsqu'il nous demande d'arrêter, de ralentir, de se calmer.

En traversant le deuil, il est essentiel de se rappeler que nous sommes des êtres multidimensionnels, et notre deuil n'est pas seulement émotionnel, mais aussi physique. En reconnaissant cela, nous pouvons commencer à nous approcher de notre deuil d'une manière holistique, en tenant compte de toutes les facettes de notre être, et ainsi, marcher vers la guérison avec compassion et compréhension.

En traversant un deuil, nous pouvons voir cela comme un appel à l'amour, non seulement envers ceux que nous avons perdus, mais aussi envers nous-mêmes. Il s'agit de prendre soin de nous, de respecter nos limites, d'honorer nos sentiments, et de nous accorder l'espace nécessaire pour guérir. C'est un chemin de compassion, de patience et d'acceptation.

Il est nécessaire de prendre soin de soi pendant le deuil, car notre corps porte le fardeau de cette douleur. C'est une invitation à être plus doux, plus compatissant et plus aimant envers soi-même, à offrir à son corps le repos, la nutrition et les soins dont il a besoin. Le chemin du deuil n'est pas facile, mais avec du temps, de la patience et de la compassion envers soi-même, il peut devenir un voyage de guérison, de transformation et de croissance.

Études de cas sur les changements physiques

Le voyage à travers le deuil est un parcours qui prend diverses formes et qui se manifeste de multiples façons. Jamais deux personnes ne vivent le deuil de la même manière. Tout comme notre esprit peut être submergé par le chagrin, notre corps peut également témoigner du poids de cette douleur. Les études de cas qui suivent illustrent comment la perte d'un être cher peut se refléter dans notre corps.

Une étude a été réalisée auprès de personnes ayant vécu le deuil d'un parent. Les participants ont montré des signes de troubles digestifs, y compris des nausées, des vomissements et des douleurs abdominales. Il est comme si le choc de la perte avait perturbé le déroulement naturel de la digestion. Ces symptômes reflétaient l'énorme stress émotionnel qui avait été déclenché par la perte d'un être cher.

Dans une autre étude, les participants avaient perdu un animal de compagnie. Ce deuil s'est également manifesté physiquement. Ils ressentaient des douleurs corporelles, notamment des maux de tête, des douleurs musculaires et des douleurs articulaires. Les animaux de compagnie sont souvent considérés comme des membres à part entière de la famille. Leur perte peut donc déclencher une réaction physique comparable à celle d'un deuil humain.

Une troisième étude a été menée auprès de personnes ayant perdu un conjoint par suicide. Les participants ont montré une variété de symptômes physiques, notamment des troubles du sommeil tels que l'insomnie et des cauchemars récurrents, des troubles de l'appétit et des douleurs corporelles. La complexité de la perte par suicide peut ajouter des éléments de culpabilité, de colère et de questionnement qui amplifient le stress émotionnel et les répercussions physiques.

Ces études illustrent comment le deuil peut se manifester physiquement. Elles ne sont que quelques exemples parmi une multitude d'études qui montrent une variété de symptômes physiques liés au deuil. Le point important à retenir est que chaque personne traverse le deuil différemment. La façon dont le deuil affecte le corps varie d'une personne à l'autre, tant en intensité qu'en durée.

Ces symptômes ne sont pas un signe de faiblesse, mais une manifestation de la profondeur de votre amour pour l'être perdu. En accueillant ces symptômes avec compassion et en prenant soin de votre corps, vous honorerez votre voyage à travers le deuil et commencerez à trouver la guérison. Ils sont les échos physiques de votre chagrin, les vagues de votre océan de tristesse qui frappent les rivages de votre corps. Chaque nausée, chaque mal de tête, chaque insomnie sont des signes que votre corps se souvient que votre corps pleure.

Le corps a sa propre sagesse, sa propre voie de guérison. En écoutant attentivement ces symptômes, en leur accordant l'attention et les soins qu'ils méritent, nous honorons notre corps et nous nous donnons la possibilité de trouver une guérison profonde et durable. Dans notre deuil, nous pouvons apprendre à nous épanouir à nouveau, pas en niant ou en évitant notre douleur, mais en l'accueillant et en la transformant en une source de force, de résilience et de compassion.

Il est essentiel de respecter votre propre rythme et d'écouter votre corps. Si vous ressentez de la douleur, du malaise ou de l'inconfort, il est important de consulter un professionnel de la santé. Vous n'avez pas à porter cette douleur tout seul. Il existe des ressources disponibles, des communautés de soutien, des thérapeutes et des conseillers qui peuvent vous aider à traverser cette période difficile.

En dernier lieu, rappelez-vous que la douleur n'est pas une fin en soi. Elle est une partie de votre voyage, un signal que vous avez aimé profondément et que vous ressentez la perte de cet amour. Votre douleur est aussi une invitation à grandir, à apprendre et à vous ouvrir à de nouvelles dimensions de votre être. Comme le dit le proverbe : « Ce qui ne nous tue pas nous rend plus forts ». Ainsi, même dans la douleur et le deuil, il y a une possibilité de croissance, de transformation et de réinvention de soi.

L'expérience du deuil est variée, elle dépend de chaque individu. La douleur de la perte peut se manifester de manière très physique, en altérant notre sommeil, notre appétit, notre niveau d'énergie, et même en provoquant des douleurs physiques. C'est une partie naturelle et nécessaire du processus de deuil. En reconnaissant ces symptômes et en prenant soin de notre corps avec autant de compassion que nous le faisons pour notre esprit, nous pouvons trouver un chemin à travers le deuil qui mène à la guérison, à la résilience et, finalement, à un nouvel équilibre dans notre vie.

Les changements sociaux et leurs incidences

Dans notre voyage à travers la vie, il arrive que nous soyons confrontés à la perte d'un être cher. Cette expérience douloureuse peut être amplifiée par des changements sociaux, affectant profondément notre vie quotidienne et notre interaction avec la communauté qui nous entoure. Le deuil est un phénomène individuel, mais il se déroule aussi dans un contexte social. C'est à travers cette lentille que nous allons examiner comment les changements sociaux peuvent impacter les individus en deuil.

Dans notre monde en constante évolution, les changements sociaux se manifestent de diverses manières ; l'éloignement des membres de la famille, la fragmentation des communautés, la pression pour reprendre une activité normale après une perte. Tous ces facteurs peuvent influencer la manière dont une personne en deuil reçoit le soutien de son entourage.

Prenons l'exemple d'une personne qui a perdu un conjoint et qui vit loin de sa famille et de ses amis. Cet éloignement physique peut entraîner un sentiment d'isolement, accentuant la douleur du deuil. Les liens affectifs autrefois tissés avec ses proches peuvent être mis à mal par cette distance, exacerbant ainsi sa souffrance.

La fragmentation des communautés et l'accroissement de la mobilité des individus sont d'autres changements sociaux susceptibles d'impacter la personne endeuillée. Ces évolutions peuvent rendre plus difficile l'accès à un soutien constant de la part des membres de sa communauté ou de personnes ayant vécu des expériences similaires. L'absence de ce soutien peut aggraver la douleur du deuil et entraver la quête de sens qui accompagne souvent cette période.

Un autre facteur à prendre en compte est la pression sociale visant à reprendre rapidement une activité normale après une perte. L'injonction à retourner rapidement au travail ou à reprendre les activités quotidiennes peut causer un stress supplémentaire, entravant le processus de guérison naturel du deuil.

Ces différents facteurs soulignent la manière dont les changements sociaux peuvent affecter profondément la vie des personnes endeuillées. Ils révèlent aussi l'importance de l'accompagnement et du soutien dans ces moments. Aider une personne en deuil n'est pas une tâche facile, car chacun vit et exprime son chagrin de manière différente. Il est donc essentiel d'être sensible à ces différences et de ne pas imposer des attentes irréalistes sur la manière dont le deuil devrait être géré.

Les conséquences des changements sociaux ne se limitent pas aux relations sociales, elles touchent également les aspects pratiques de la vie. Une perte peut avoir un impact significatif sur la situation financière d'un individu, que ce soit à cause de la disparition d'une source de revenus ou de l'augmentation des dépenses liées au deuil. Une telle situation peut ajouter une pression supplémentaire à une période déjà stressante, rendant le processus de deuil encore plus complexe.

Les changements sociaux peuvent avoir des impacts majeurs sur la vie des personnes endeuillées. Il est crucial de reconnaître ces facteurs lorsqu'on soutient les personnes endeuillées, et de leur offrir le soutien nécessaire pour surmonter cette période ardue. Notre perception du deuil doit être sensible aux défis sociaux que chaque individu peut rencontrer. Il est impératif de comprendre que le deuil ne suit pas une trajectoire linéaire et que chaque personne en deuil a ses propres besoins uniques.

En outre, il est essentiel de ne pas négliger l'impact de ces changements sur les aspects pratiques de la vie quotidienne. Nombre d'endeuillés peuvent se retrouver confrontés à des difficultés financières, qu'il s'agisse de la perte d'un revenu ou des coûts imprévus liés au deuil. Par exemple, une personne qui a perdu son conjoint peut se retrouver sans le principal soutien financier de sa famille, la plongeant dans une situation précaire. Ou encore, la perte d'un emploi peut engendrer une pression financière accrue, aggravant ainsi le stress émotionnel et rendant le processus de deuil d'autant plus difficile à traverser.

Dans ces moments, il est crucial de rappeler l'importance de la compassion et de l'entraide. L'objectif est de fournir le soutien nécessaire pour aider chaque individu à naviguer à travers cette période difficile, en tenant compte de ses besoins spécifiques et de son contexte unique.

En fin de compte, les changements sociaux peuvent avoir des conséquences considérables sur la vie des personnes endeuillées. Ainsi, nous devons être conscients de ces facteurs lorsque nous apportons notre soutien. Le deuil, dans son essence, est un voyage personnel de transformation et de découverte de soi. Il est notre responsabilité en tant que communauté de créer un environnement propice à cette transformation, où chaque individu en deuil se sent compris, soutenu et libre d'exprimer sa douleur à sa manière.

En respectant l'individualité de chaque expérience de deuil, nous favorisons une véritable guérison. Ce n'est qu'en étant conscient de ces facteurs sociaux que nous pourrons aider efficacement ceux qui traversent cette épreuve douloureuse, en leur offrant le soutien approprié, en respectant leur temps et leur espace, et en leur permettant de vivre leur deuil de la manière qui leur convient le mieux. Ainsi, nous contribuons à créer un monde plus compréhensif et bienveillant pour tous ceux qui sont touchés par la perte d'un être cher.

Les changements cognitifs

Dans le voyage inévitable de la vie, le deuil est un passage qui peut parfois déclencher des turbulences dans notre processus de pensée et dans notre façon d'interagir avec le monde. L'étreinte du deuil peut induire des changements cognitifs, touchant notre capacité à nous concentrer, à nous souvenir, à prendre des décisions et à évaluer les situations. Ces transformations peuvent être la conséquence de réactions émotionnelles, comme le stress ou l'anxiété, mais elles peuvent également surgir d'une réaction physiologique face à une perte significative.

La concentration, cette faculté si précieuse dans la navigation de notre quotidien, peut s'éroder face à la douleur du deuil. Les tâches habituelles peuvent sembler insurmontables et les informations importantes se dissipent dans le brouillard du chagrin. Une étude récente sur des personnes ayant perdu un conjoint révèle la difficulté pour ces individus à rester concentrés et à retenir des informations après la perte de leur partenaire.

De même, la mémoire à court terme peut être touchée par le deuil. Se souvenir des événements récents ou des informations essentielles peut devenir un défi insurmontable. Dans une autre étude axée sur des parents endeuillés suite à la perte d'un enfant, il a été observé que les participants avaient du mal à se souvenir d'informations concernant leur enfant disparu.

Une autre transformation peut concerner notre capacité à prendre des décisions. Particulièrement vraies chez les personnes ayant perdu un emploi, ces dernières peuvent rencontrer des difficultés pour prendre des décisions, surtout lorsqu'il s'agit de finances ou de recherche d'emploi.

Cependant, il est essentiel de comprendre que ces changements cognitifs ne sont pas systématiques et peuvent varier en intensité d'une personne à l'autre. Si ces changements persistent ou deviennent invalidants, il est important de consulter un professionnel de la santé mentale pour écarter d'autres causes potentielles. Ces modifications de notre fonctionnement cognitif peuvent être liées aux impacts émotionnels et sociaux du deuil et doivent être prises en compte dans une approche globale de l'accompagnement des personnes endeuillées.

Le deuil peut également influencer notre perception de nous-mêmes et des autres. Les individus en deuil peuvent éprouver des sentiments de culpabilité ou se reprocher les événements passés. Ils peuvent avoir une vision déformée des causes de la perte et peuvent rencontrer des difficultés pour se remettre en question sur leur propre estime de soi, sur leur capacité à continuer à vivre sans la personne décédée. Ces pensées peuvent conduire à des troubles de l'humeur tels que la dépression, et il est crucial d'en être conscient lors de l'accompagnement des personnes endeuillées, afin de leur fournir un soutien adapté.

Les changements cognitifs peuvent jouer un rôle significatif dans l'expérience du deuil. Il est essentiel de prendre en compte ces changements lorsqu'on accompagne les personnes endeuillées et de leur offrir le soutien nécessaire pour traverser cette période délicate. Néanmoins, il faut garder à l'esprit que chaque individu fait face au deuil de manière unique et que l'intensité et la durée des changements cognitifs peuvent varier d'une personne à l'autre.

Il faut souligner que la vie, dans son immense beauté et sa complexité, est un voyage sur lequel nous sommes tous embarqués. Ce voyage est jalonné d'expériences variées, parfois lumineuses, parfois sombres, mais toujours significatives. Le deuil est l'une de ces expériences sombres qui peuvent apporter de profonds changements dans notre façon de penser et de percevoir le monde.

À travers ces changements, il peut sembler que notre esprit est en conflit avec lui-même, cherchant à trouver un équilibre entre le désir de retenir les souvenirs d'une personne aimée et la nécessité d'avancer. Dans ces moments, il est crucial de faire preuve de compassion envers soi-même et d'accepter ces changements comme une partie naturelle du processus de deuil.

Par ailleurs, il est important de noter que ces changements cognitifs ne sont pas toujours négatifs. En fait, ils peuvent servir de mécanisme d'adaptation, aidant l'individu à naviguer à travers le paysage émotionnel du deuil. Ces changements peuvent permettre à la personne de se concentrer sur des tâches quotidiennes ou de prendre des décisions importantes, tout en évitant d'être submergée par la douleur de la perte.

Il est également crucial de se rappeler que la douleur du deuil est universelle, mais l'expérience du deuil est unique à chaque individu. Ainsi, alors que certains peuvent éprouver des changements cognitifs profonds, d'autres peuvent ne pas ressentir de tels effets. Il est donc important d'aborder le deuil de manière individualisée, en reconnaissant et en respectant les expériences et les sentiments de chaque personne.

Enfin, bien que le processus de deuil puisse être complexe et difficile, il est également une occasion pour l'individu de découvrir sa propre force et sa capacité à s'adapter aux changements. Ce processus peut aider l'individu à développer une nouvelle compréhension de lui-même et du monde qui l'entoure, l'aidant ainsi à trouver un sens et un but dans la vie malgré la perte d'un être cher.

Pour conclure, il est important de prendre en compte les changements cognitifs qui peuvent survenir dans le cadre du deuil et de fournir un soutien approprié à ceux qui en ont besoin. En reconnaissant et en comprenant ces changements, nous pouvons aider ceux qui sont en deuil à naviguer à travers cette expérience difficile et à trouver une voie vers la guérison et l'acceptation. C'est à travers l'amour, la compassion et la compréhension que nous pouvons aider à atténuer la douleur du deuil et aider ceux qui sont en deuil à retrouver l'espoir et la joie dans leur vie.

Les changements spirituels

Dans la grande danse de la vie, nous sommes tous confrontés à des moments d'obscurité et de lumière, des temps d'harmonie et de discordance. Le deuil, ce passage inévitable, provoque un grand tumulte et peut initier une transformation profonde non seulement de notre être émotionnel et physique, mais aussi de notre esprit spirituel.

La perte, cette silhouette sombre qui se glisse dans nos vies sans invitation, peut faire vaciller nos fondations spirituelles. Cette onde de choc peut nous amener à remettre en question ce que nous tenions pour acquis. Quelle est la signification de la vie ? Où va notre âme après la mort ? Nos croyances spirituelles et religieuses passées peuvent-elles encore tenir face à cette nouvelle réalité ? Ce sont des questions qui peuvent émerger de la mer tumultueuse du deuil, et elles peuvent semer le doute et l'incertitude dans nos cœurs.

Le deuil peut être un tremblement de terre spirituel qui déplace des montagnes de foi. Parfois, il peut éroder notre sensibilité religieuse, nous laissant égarés dans le désert de l'incertitude. Parfois, il peut susciter un examen minutieux de nos croyances religieuses, nous incitant à démanteler et à reconstruire notre maison spirituelle. Le deuil peut aussi faire naître des doutes sur la survie de l'âme, des interrogations sur l'existence d'un au-delà, et une réévaluation de nos convictions personnelles. Ces tremblements intérieurs sont des signes de la lutte pour accepter une réalité qui nous échappe, une vérité trop douloureuse pour être embrassée facilement.

Mais même dans ces moments de doute et d'incertitude, il y a de l'espoir. Pour ceux qui trouvent refuge dans une tradition religieuse, les rituels et les cérémonies religieuses peuvent être un phare dans l'obscurité, guidant le voyage à travers le labyrinthe du deuil. Les leaders religieux et les communautés de foi peuvent offrir un soutien précieux, aidant les endeuillés à découvrir un sens à leur perte, à intégrer leur deuil et à trouver la paix.

Néanmoins, il est important de reconnaître que cette transition spirituelle est un voyage unique pour chaque individu. Ces métamorphoses spirituelles ne sont pas universelles et varient en intensité et en forme en fonction de l'histoire spirituelle individuelle. Le respect des croyances et des convictions des endeuillés est une clé essentielle pour accompagner avec bienveillance leur parcours.

Ces questionnements spirituels, bien que naturels, peuvent être déroutants et difficiles à gérer pour certains. Dans de tels moments, il est important de chercher le soutien de professionnels de la santé mentale, pour dissiper les nuages d'incertitude qui pourraient obscurcir la voie. Leurs conseils peuvent aider à écarter d'autres causes potentielles de détresse et à naviguer à travers le labyrinthe complexe de la réflexion spirituelle.

Chaque individu est l'architecte de son propre paysage spirituel, construisant un refuge sur la base de ses propres valeurs et croyances. Il est essentiel de respecter ces constructions personnelles, et d'aider ceux qui sont en deuil à trouver un sens à la perte à travers leur propre système de croyances. Ainsi, l'accompagnement de ces individus doit inclure des discussions sur les croyances spirituelles et religieuses, une exploration de leurs pratiques spirituelles actuelles, et même l'ouverture à de nouvelles formes de spiritualité, si cela peut les aider à surmonter leur deuil.

Le deuil est une tempête qui secoue notre navire spirituel, provoquant des remous dans les eaux autrefois calmes de notre foi et de nos croyances. Mais n'oubliez pas, tout comme le vent qui pousse les vagues peut aussi remplir les voiles, le deuil, bien que douloureux, peut aussi nous pousser à une exploration plus profonde et à une compréhension plus grande de notre spiritualité.

Dans le tourbillon du deuil, nous pouvons découvrir une boussole intérieure, une qui pointe vers notre propre vérité, une qui nous guide à travers les tempêtes vers la tranquillité des eaux plus calmes. Et c'est dans cette quête, dans cette exploration du paysage spirituel que nous construisons pour nous-mêmes, que nous pouvons trouver la paix, l'acceptation et le véritable amour de soi.

Pour naviguer à travers les mers déchaînées du deuil, souvenez-vous de ces mots : soyez impeccable avec vos paroles, ne prenez rien personnellement, ne faites aucune supposition et faites toujours de votre mieux. Même dans la douleur, nous pouvons trouver la sagesse et la paix.

Exemples concrets illustrant les changements spirituels

Dans le grand théâtre de l'existence, il y a des moments où le voile de la réalité se déchire pour révéler un panorama bouleversant de joie et de tristesse, de lumière et d'obscurité, de naissance et de mort. Le deuil, cette ultime confrontation avec l'absence et la perte, peut initier un profond remaniement de notre esprit et de notre âme. Il peut déclencher un voyage spirituel aux contours complexes, imprégnés de doutes et de questionnements, mais aussi de révélations et d'éveil.

Permettez-moi de vous éclairer avec des histoires de la vie réelle qui illustrent les changements spirituels que des personnes endeuillées peuvent traverser :

1- Imaginez une femme, fervente croyante, qui trouve dans la douce harmonie de la chorale de son église un réconfort et une joie inégalés. Lorsque la mort emporte son enfant, son univers spirituel s'effondre. Elle se sent abandonnée par le Divin, trahie par les promesses de protection et de compassion. La perte érode sa sensibilité religieuse, elle se désengage des offices religieux, son cœur rempli de questions et de doutes.

2- Ensuite, il y a un homme, dont la foi a été ancrée dans son cœur par la femme qu'il aimait. Après sa mort, des questions surgissent comme des étoiles dans la nuit sombre. L'existence de l'au-delà, l'éternité de l'âme, ses anciennes croyances sont mises en balance sur la balance de la perte et du deuil.

3- Prenons l'exemple d'une femme, une yogini passionnée, dont la spiritualité est un pilier de sa vie. Le décès de son mari provoque une secousse qui la déconnecte de ses convictions. La tranquillité qu'elle a jadis trouvée dans les postures et les respirations du yoga semble fuir comme une ombre à la lumière du jour.

4- Un autre exemple est celui d'une femme musulmane dont la sœur vient de partir. Plutôt que de laisser sa foi être balayée par la tempête du deuil, elle choisit de la renforcer. Elle suit les rituels religieux du deuil, s'appuyant sur sa foi pour donner un sens à l'absence et continuer à embrasser la vie.

5- Il y a aussi des personnes qui, comme un homme qui a perdu son partenaire, étaient autrefois des athées. Suite à la perte, ils se mettent à explorer différents sentiers spirituels. La quête de sens dans la perte les conduit à découvrir de nouvelles formes de spiritualité, comme si elles étaient des radeaux dans la mer tumultueuse du deuil.

6- Il y a des moments où la foi est mise à l'épreuve et semble ne pas résister. Comme pour une mère qui a perdu son fils, la perte peut sembler insurmontable. Sa foi, qui était autrefois un refuge, semble avoir trahi sa confiance. Elle ne parvient pas à comprendre pourquoi Dieu a permis cette perte et s'éloigne de ses pratiques religieuses.

7- Enfin, il y a des personnes qui trouvent dans la religion un phare dans la nuit sombre du deuil. Une femme, par exemple, qui a perdu son frère, trouve un réconfort profond dans ses prières et dans la communauté chrétienne qui l'entoure. Elle s'appuie sur sa foi pour surmonter son deuil et continuer à naviguer dans le fleuve de la vie.

Chacune de ces histoires représente une facette des nombreux visages que le deuil peut prendre. Mais il est crucial de se rappeler que chaque personne endeuillée est unique, que leurs réactions au deuil sont influencées par une myriade de facteurs, allant de leur histoire personnelle à leur système de croyances et à leur culture. Il est donc essentiel de s'adapter à chaque personne et de leur offrir le soutien spirituel qui leur convient le mieux.

Respecter les croyances et les convictions personnelles des personnes endeuillées est d'une importance capitale. C'est en les accompagnant dans leur questionnement, en les aidant à trouver un sens à la perte dans leur propre système de valeurs et de croyances, que nous pouvons véritablement les soutenir dans leur processus de deuil.

Le deuil est un voyage qui se poursuit, un chemin parsemé de défis et de changements, où les réactions spirituelles peuvent évoluer au fil du temps. C'est un processus qui doit être honoré et respecté, car c'est à travers lui que les personnes endeuillées peuvent trouver des moyens de continuer à vivre leur vie en l'honneur de l'être cher qui n'est plus parmi elles.

Le deuil et le suicide

Dans l'écosystème de l'existence humaine, il y a peu de forces aussi puissantes et transformatrices que le deuil. Il est comme un orage déchaîné qui peut ébranler les fondations même de notre être, nous obligeant à affronter les émotions les plus crues et les plus profondes. C'est un chemin pavé de tristesse, de colère, de culpabilité et de désespoir. Pourtant, comme une plante après une averse, la plupart des personnes endeuillées parviennent à se relever, à cicatriser leurs blessures et à réembrasser l'élan de la vie.

Toutefois, il est essentiel de comprendre qu'il y a des moments où le deuil peut jeter une ombre si sombre qu'elle engloutit la lumière de l'espoir. Dans ces moments, le deuil peut engendrer des troubles de l'humeur, comme la dépression, altérant le tableau de la réalité perçue par l'individu en deuil. C'est dans cette obscurité que certaines personnes peuvent être confrontées à des pensées sombres, des pensées de suicide, un désir d'échapper à la douleur insupportable. Bien que ces cas soient extrêmement rares, ils ne sont pas à prendre à la légère.

Il est impératif de rappeler que même dans la plus sombre des nuits, il y a toujours de l'aide disponible, des moyens pour surmonter ces sentiments écrasants. Comme un phare dans la tempête, des professionnels qualifiés tels que des médecins, des travailleurs sociaux et des psychologues sont là pour guider et soutenir les personnes endeuillées dans la gestion de leur douleur et le franchissement de cette obscurité.

Le rôle des proches est tout aussi crucial. Les amener à chercher de l'aide s'ils en ressentent le besoin est une preuve d'amour et de compassion inestimable. Parfois, une simple conversation, un mot gentil, une présence silencieuse peuvent faire la différence entre l'obscurité et la lumière.

Le deuil est un voyage individuel, un voyage qui, bien que souvent solitaire, ne doit jamais être traversé seul. Chacun de nous a la capacité de devenir un soutien pour ceux qui sont en deuil, un rappel qu'il y a encore de l'amour, de l'espoir et de la beauté dans ce monde, même dans les moments les plus sombres. C'est dans ces profondes fissures de douleur que nous pouvons trouver la capacité de guérir, de grandir, et de redécouvrir l'amour et la joie. C'est dans ces moments d'obscurité que nous découvrons notre force intérieure et notre résilience.

Le deuil est une épreuve douloureuse, qui peut parfois mener à des pensées et des sentiments extrêmement difficiles, y compris la dépression et les pensées suicidaires. Toutefois, il est essentiel de se rappeler que l'aide est disponible et que vous n'avez pas à traverser cette épreuve seul. Il y a des professionnels qualifiés prêts à vous aider à surmonter votre douleur et à naviguer à travers ce processus difficile. De plus, les proches peuvent jouer un rôle crucial en soutenant et en aidant ceux qui sont en deuil à trouver l'aide dont ils ont besoin. Accepter cette aide n'est pas un signe de faiblesse, mais plutôt un acte courageux d'autocompassion et de respect pour soi-même.

Les origines du deuil

Le monde intérieur de l'être humain est un univers complexe, et l'une des expériences les plus intenses et transformatrices que nous pouvons vivre est celle du deuil. Des générations de penseurs, de philosophes, de psychologues et de spiritualistes ont cherché à comprendre cette émotion qui semble être aussi vieille que l'humanité elle-même. En explorant l'espace sacré de nos émotions, nous découvrons le voyage profondément humain du deuil, une expérience universelle qui reflète notre capacité à aimer, à perdre, et finalement, à guérir. Le deuil est un témoignage de l'amour, un reflet de l'intensité avec laquelle nous avons chéri l'autre. Je souhaite partager avec vous quelques-unes des théories les plus importantes sur l'origine et le processus du deuil.

Sigmund Freud, le père de la psychanalyse, a été l'un des premiers à approcher le deuil d'une manière scientifique. Pour Freud, le deuil est une réaction naturelle et nécessaire face à la perte. Il est un guide à travers un territoire inconnu, un voyage qui commence par un choc et un déni, un état d'incrédulité où l'esprit s'efforce de comprendre l'inconcevable. C'est comme si nous étions dans une dense forêt, incapable de voir le chemin devant nous. Mais à mesure que nous progressons dans ce voyage, la réalité de la perte se matérialise lentement, émergeant du brouillard de notre confusion pour prendre une forme palpable. Freud nous invite à regarder cette réalité en face, à plonger dans la profondeur de notre douleur pour y trouver une voie vers l'acceptation et la guérison.

Puis vient Élisabeth Kubler-Ross, qui nous présente le deuil comme un voyage en cinq étapes : le déni, la colère, le marchandage, la dépression et l'acceptation. Elle nous propose une carte de ce territoire inconnu, nous guidant à travers des paysages émotionnels changeants. Elle nous rappelle qu'il est normal de ressentir de la colère, de négocier avec notre douleur, de sombrer dans la tristesse avant de finalement accepter la réalité de notre perte.

J.W. Worden approfondit cette carte en définissant quatre tâches essentielles pour naviguer à travers le deuil. La première tâche consiste à se souvenir de l'être aimé, à se plonger dans les souvenirs doux et amers pour honorer leur vie. Ensuite, il nous encourage à accepter la réalité de notre perte, à nous déconnecter émotionnellement de l'être aimé et à réorganiser notre vie sans leur présence. Ces tâches, bien que douloureuses, sont essentielles pour nous permettre de poursuivre notre propre voyage de vie.

Margaret Stroebe et Henk Schut nous présentent ensuite une autre perspective : le deuil comme un processus de « double présence ». Selon eux, nous avons à la fois besoin de maintenir un lien avec l'être aimé et de nous adapter à une vie sans leur présence. Cela peut signifier conserver des routines et des activités que nous partagions avec eux, tout en explorant de nouvelles expériences et en établissant de nouveaux liens. C'est un équilibre délicat, une danse entre le passé et le présent.

Toutes ces théories offrent des perspectives différentes sur le deuil, comme autant de facettes d'un diamant. Elles ne sont pas mutuellement exclusives, mais offrent plutôt des éclairages différents sur un phénomène complexe. Il est important de comprendre que le deuil est une expérience unique et individuelle. Chaque personne traverse le deuil à sa manière, reflétant sa propre histoire, sa personnalité, et ses ressources internes. Elles nous rappellent que chaque personne est unique, que chaque voyage de deuil est unique, et qu'il n'y a pas de « bonne » ou de « mauvaise » façon de vivre ce processus.

Dans le contexte du deuil, il faut faire preuve de patience envers soi-même, permettre à la douleur d'être présente, et donner le temps nécessaire pour vivre chaque étape du deuil à son propre rythme.

Chaque expérience de deuil est unique et personnelle, c'est pourquoi il est si important de s'accorder la bienveillance et l'espace pour vivre cette expérience à sa manière.

Dans l'immensité du deuil, il est crucial de se rappeler que le voyage est loin d'être linéaire. Comme une rivière, il coule et se retient, serpente à travers des paysages imprévus et plonge parfois dans des profondeurs sombres. Les personnes endeuillées peuvent rencontrer des rechutes, des moments où la douleur semble submerger tout le reste, mais ces moments font partie intégrante du processus de deuil. C'est dans l'oscillation entre l'avancement et la régression, entre le souvenir et l'oubli, que se trouve le véritable travail du deuil.

Tout cela nous montre que le deuil n'est pas simplement une réaction à la perte, mais une transformation profonde qui affecte tous les aspects de notre vie. C'est un voyage complexe et évolutif, une danse entre le passé et le présent, entre le souvenir et l'oubli, entre la douleur et la guérison. Et à travers ce voyage, nous avons la possibilité d'apprendre, de grandir, et de nous transformer de manière significative.

Néanmoins, il est important de noter que le deuil est un processus qui doit être respecté, honoré, et vécu à son propre rythme. Aucune carte ou boussole ne peut dicter la vitesse à laquelle nous devrions avancer ni nous dire exactement où nous devrions aller. Le deuil, en fin de compte, est un voyage profondément personnel et intime, une exploration de notre propre paysage intérieur, un voyage que nous devons faire à notre manière et à notre rythme.

Dans cette exploration, il est essentiel d'être bienveillant avec soi-même, d'offrir de la compassion et de l'espace pour vivre chaque moment, chaque émotion, chaque pensée. Il est également vital de chercher le soutien dont nous avons besoin, qu'il s'agisse de l'aide d'un thérapeute, de la compagnie d'amis et de la famille, ou du réconfort dans des rituels personnels ou spirituels.

En fin de compte, le deuil n'est pas seulement une réaction à la perte, mais une transformation profonde qui touche tous les aspects de notre vie. C'est un voyage complexe et évolutif, une danse entre le passé et le présent, entre le souvenir et l'oubli, entre la douleur et la guérison. C'est un processus qui nous donne la possibilité d'apprendre, de grandir, et de nous transformer de manière significative.

Et c'est dans cette transformation que nous pouvons découvrir la véritable puissance du deuil. Car même dans la douleur la plus profonde, il y a une possibilité de croissance, de changement et d'amour. Même dans l'obscurité, il y a toujours une lueur d'espoir, une chance de trouver un sens et une beauté dans l'adversité.

Ainsi, je vous invite à entrer dans le voyage du deuil avec courage et compassion, avec patience et persévérance. Je vous invite à honorer votre douleur, à vous ouvrir à votre chagrin, et à vous permettre d'être transformé par cette expérience. Et je vous rappelle que même dans le deuil, même dans la douleur, vous n'êtes jamais seul. Vous êtes entouré d'amour, et vous êtes capable de guérison et de transformation.

Les étapes du deuil à traverser

Le deuil, comme beaucoup de nos expériences en tant qu'êtres humains, est un processus qui peut être visualisé à travers plusieurs étapes, mais sachez, mon ami, que ce voyage est aussi unique que vous l'êtes.

Dans ce voyage, une première étape pourrait être la rencontre avec le choc et le déni. Imaginez-vous, un instant, en proie à une immense vague qui vous submerge par surprise. L'instant d'après, vous vous retrouvez en état de choc, niant la réalité de ce qui vient de se passer. Vous pourriez vous sentir flotter dans un océan d'incrédulité, un bouclier émotionnel qui vous protège de l'intensité de votre perte.

Cependant, même dans ce déni, l'amour que nous portons à ceux que nous avons perdus nous guide vers la vérité. C'est dans ce mouvement que la deuxième étape pourrait émerger, celle de la colère. La colère, mon ami, n'est pas un signe de faiblesse ou de malice, mais une manifestation naturelle de notre désir de justice, de notre lutte contre l'injustice de notre perte. Cela peut être intense et même effrayant, mais souvenez-vous, c'est un acte d'amour, un cri dans le silence de l'absence.

De la colère, nous pourrions nous retrouver dans une danse avec le marchandage. Dans cette troisième étape, nous tentons de négocier avec la réalité, cherchant des moyens de retourner dans le passé ou de modifier le présent. Mais rappelez-vous, mon cher ami, que c'est notre amour et notre désir d'être avec ceux que nous avons perdus qui nous mènent à cette danse.

Et puis, alors que notre danse avec le marchandage s'épuise, nous pourrions nous trouver face à face avec la dépression, la quatrième étape de ce voyage. C'est une vallée sombre et froide, pleine de tristesse, de solitude et de désespoir. Mais même ici, nous pouvons trouver un chemin. En accueillant notre douleur, nous honorons notre amour pour ceux que nous avons perdus. Dans la tristesse, nous trouvons la force de notre amour.

La cinquième étape, celle de l'acceptation, pourrait alors émerger de la brume de notre tristesse. Cette étape ne signifie pas que nous avons oublié ou surmonté notre perte, mais plutôt que nous avons trouvé un moyen de vivre avec elle. Nous avons appris à porter notre amour pour ceux que nous avons perdus dans le cœur de notre existence, et à continuer notre voyage avec eux à nos côtés, mais d'une manière différente.

Il est essentiel, mon cher ami, de se rappeler que ces étapes ne sont pas fixes. Elles sont comme les vagues de l'océan, venant et repartant, se chevauchant parfois, et nous portant vers des eaux inconnues. Certaines vagues peuvent être plus grandes que d'autres, certaines peuvent sembler nous emporter loin de notre chemin. Mais chaque vague fait partie de notre voyage de guérison. Il se peut que vous naviguiez rapidement à travers certaines de ces étapes, tandis que d'autres pourraient nécessiter plus de temps et d'attention. Il se peut même que certaines étapes semblent inaccessibles pour le moment. Sachez que tout cela fait partie de votre voyage unique.

Comme dans toutes les expériences de la vie, il n'existe pas une seule manière « correcte » de vivre le deuil. Chacun d'entre nous est unique, et par conséquent, notre expérience du deuil l'est aussi. Il est vital de se rappeler que votre voyage à travers le deuil est personnel et unique à vous seul.

Dans ce voyage, il se peut que vous vous sentiez perdu et confus, mais souvenez-vous que vous n'êtes pas seul. Nous sommes tous reliés par l'expérience universelle de la perte et du deuil. En partageant nos expériences, en nous soutenant mutuellement, nous pouvons trouver la force de naviguer à travers les vagues du deuil et d'ouvrir nos cœurs à l'amour et à la compassion.

Même dans le deuil, nous avons la capacité de grandir et d'évoluer. La douleur et la perte peuvent nous briser le cœur, mais elles peuvent aussi l'ouvrir, nous permettant de nous connecter plus profondément à nous-mêmes et aux autres. Elles peuvent nous aider à apprécier davantage la beauté et la fragilité de la vie, et à développer une plus grande compassion pour tous les êtres qui partagent cette expérience humaine avec nous.

En fin de compte, le deuil est un voyage d'amour. C'est un témoignage de l'amour que nous portons à ceux que nous avons perdus, et un rappel de l'importance de cet amour dans notre vie. Alors, mon cher ami, alors que vous voyagez à travers le deuil, je vous invite à ouvrir votre cœur à cet amour. Laissez-le-vous guider à travers les vagues de la douleur et de la perte, et vous mener vers une plus grande compréhension, une plus grande compassion et une plus grande connexion avec vous-même et avec les autres.

Enfin, rappelez-vous toujours que vous êtes aimé, que vous êtes soutenu, et que vous êtes capable de guérir et de grandir. Quel que soit le chemin que vous empruntez à travers le deuil, sachez que vous n'êtes pas seul. Et sachez que, même dans le deuil, il y a toujours place pour l'amour, la guérison et la croissance. Car dans l'obscurité, nous pouvons toujours trouver la lumière. Dans la douleur, nous pouvons toujours trouver l'amour. Et dans le deuil, nous pouvons toujours trouver la vie.

Les différents types de deuils

Envoûté par l'esprit des grands maîtres du développement personnel et de l'éveil spirituel, je vais me plonger dans les profondeurs des différents visages que le deuil peut revêtir. Comme les facettes d'un diamant, chaque type de deuil a ses propres reflets uniques, brisant la lumière de notre existence d'une manière qui lui est propre. Plongeons donc ensemble dans ce voyage d'exploration.

La mort d'un être cher est sans doute la première image qui nous vient à l'esprit quand nous pensons au deuil. Cette absence irrévocable d'un être aimé, que ce soit un membre de notre famille, un ami ou un animal de compagnie, cause une douleur incommensurable. On perd un fragment de notre existence, une partie de notre réalité partagée. C'est comme si un chapitre de notre livre de vie était brusquement arraché, laissant un vide déchirant.

Ensuite, il y a le deuil qui survient lorsque nous perdons notre emploi. Cette situation peut sembler moins tangible, mais elle est pourtant tout aussi dévastatrice. L'emploi n'est pas seulement une source de revenus, mais aussi un pilier de notre identité et de notre estime de soi. Perdre son emploi, c'est perdre une partie de son identité, de sa structure quotidienne, et souvent, de son statut social. La vie, telle que nous la connaissions, doit être réorganisée.

Le deuil amoureux, la rupture d'une relation intime, représente une autre forme douloureuse de deuil. Quand un amour se termine, c'est un futur commun envisagé qui s'évapore, une complicité partagée qui disparaît. C'est un rappel que même les liens les plus intenses peuvent être rompus, une vérité que nous avons souvent du mal à accepter.

La perte de la santé, qu'elle soit due à une maladie ou à un accident, nous confronte à un autre visage du deuil. Nous devons faire le deuil de nos capacités perdues, de notre autonomie réduite. L'image que nous avions de nous-mêmes est transformée, et nous devons apprendre à nous adapter à cette nouvelle réalité, souvent difficile à accepter.

La perte d'un rôle, qu'il soit social, familial ou professionnel, entraîne également un processus de deuil. Lorsque nous cessons d'être un parent, un conjoint, un enfant, ou que notre rôle au sein de la société change, notre identité est ébranlée. Nous devons reconstruire notre estime de soi sans le soutien de ce rôle, un processus qui peut être long et difficile.

Enfin, le deuil peut aussi être vécu à la suite de la perte d'un lieu cher. Peut-être est-ce une maison d'enfance, un pays ou une ville d'origine, ou simplement un endroit où nous avons vécu des moments heureux. Lorsque ces lieux disparaissent ou que nous devons les quitter, c'est un morceau de notre histoire qui s'évapore.

Il est essentiel de comprendre que cette énumération n'est pas exhaustive. Le deuil peut surgir de mille façons différentes, de mille pertes différentes. Mais malgré tout, une constante demeure : la douleur du deuil est universelle, et chaque individu l'exprime et la vit à sa manière unique et personnelle. Les émotions que nous ressentons, les soutiens dont nous avons besoin, peuvent grandement varier d'une personne à l'autre, d'une perte à l'autre. Il est crucial de reconnaître et de respecter ces différences, d'offrir un soutien adapté à chaque individu en deuil. Il est également vital de comprendre que le deuil est un processus, un voyage qui peut prendre du temps, et que ceux qui sont en deuil peuvent avoir besoin d'aide à différents stades de leur cheminement.

Il y a d'autres types de deuils moins reconnus, mais tout aussi profonds. La perte d'identité peut être une expérience particulièrement déroutante. Elle peut survenir lorsque nous perdons un rôle ou une partie de nous-mêmes, comme lors d'un changement de carrière, de la retraite ou d'un bouleversement de notre statut social.

Un autre type de deuil est celui qui accompagne la perte de vie sociale. Il peut se manifester lorsqu'un changement majeur dans nos relations sociales survient : une migration, un divorce, une rupture d'amitié, ou une désaffiliation d'une communauté. Ce type de deuil nous rappelle à quel point nous sommes des êtres sociaux, à quel point nos relations façonnent notre expérience de la vie.

Le deuil peut aussi survenir lorsqu'on perd l'espoir. Lorsque nos rêves et nos aspirations ne se réalisent pas comme prévu — peut-être à cause d'une maladie incurable, d'un accident grave ou d'un échec professionnel — nous devons faire le deuil de ces espoirs non réalisés. C'est un processus qui nécessite beaucoup de compassion envers soi-même.

La perte de l'innocence, souvent causée par une expérience traumatique ou violente, peut aussi engendrer un deuil profond. Elle nous rappelle la dure réalité de la vie, à quel point elle peut être impitoyable et injuste.

Enfin, il y a le deuil qui survient lorsque nos croyances ou nos convictions les plus profondes sont perturbées. Que ce soit à cause d'un doute religieux ou spirituel, ou lorsque la vérité sur laquelle nous avons construit notre vie s'avère être fausse, cette expérience peut nous faire douter de tout ce que nous pensions savoir.

Ces types de deuils sont peut-être moins courants, mais ils sont tout aussi réels et peuvent avoir des impacts tout aussi profonds sur notre bien-être et notre identité. Chacun de ces types de deuils demande du temps, de la patience et beaucoup de soins pour être traversé. Quel que soit le type de deuil que vous vivez, souvenez-vous que votre expérience est valide, que votre douleur est réelle, et que vous méritez soutien et compassion.

Réactions et besoins spécifiques

Comme un vent qui souffle sur un lac, créant d'innombrables ondes uniques sur sa surface, chaque type de deuil crée une résonance unique dans l'âme de l'individu. Chaque réaction, chaque besoin spécifique, est unique et reflète le chagrin de chacun face à la perte. Cependant, pour vous aider à comprendre ce processus mystérieux, permettez-moi d'énumérer les réactions et les besoins qui peuvent être associés à chaque type de deuil.

Deuil suite à la mort d'un être cher : Imaginez que vous êtes en plein milieu de l'océan, que les vagues viennent vous engloutir dans une profonde solitude. C'est le deuil qui suit la mort d'un être cher. Les individus peuvent être submergés par un océan de tristesse, une douleur lancinante qui s'accompagne souvent d'un sentiment de solitude intense. La réalité de la perte peut sembler impossible à accepter. En ce temps, il est essentiel que l'on offre du soutien émotionnel, qu'on donne l'opportunité à ces individus de parler de la personne disparue, de sa vie, de sa mort. Ils peuvent également nécessiter une aide pour s'adapter à une existence qui a été remodelée par l'absence.

Deuil par perte d'emploi : Imaginez-vous maintenant dans un désert, où la chaleur de la colère et de la frustration s'infiltre en vous, créant une anxiété qui ondule comme des mirages à l'horizon. La peur peut s'installer comme une tempête de sable qui brouille la vision de l'avenir. En ces temps, le soutien pour surmonter ces sentiments peut être comme une oasis au milieu de ce désert. Les individus peuvent avoir besoin d'assistance pour trouver un nouvel emploi, une nouvelle identité professionnelle, et pour réorganiser leur vie quotidienne.

Deuil suite à une rupture amoureuse : Visualisez un ciel d'orage, où les nuages de tristesse et de colère grondent avec l'anxiété et la peur. Une tempête de sentiments peut éclater à la suite d'une rupture amoureuse.

Le soutien émotionnel, dans ces moments, peut être comme un abri dans la tempête, un endroit où se réfugier et guérir. Ils peuvent avoir besoin d'aide pour comprendre la raison de la rupture, pour se reconstruire, et pour repenser leur avenir amoureux.

Deuil par perte de santé : C'est comme se trouver au milieu d'un paysage d'hiver, où la tristesse, l'anxiété, la peur et la frustration se glacent dans les os. Le soutien émotionnel, dans ces moments, peut être comme un feu de camp, apportant chaleur et lumière dans l'obscurité. Les individus peuvent nécessiter une aide pour s'adapter aux changements physiques et pour reconstruire leur vie en tenant compte de leur nouvel état de santé.

Deuil par perte de rôle : Il peut se sentir comme si l'on était dans un labyrinthe, où chaque pas apporte plus de confusion et moins de sens de soi. La frustration peut ressembler à des murs infranchissables. Le soutien émotionnel, dans ces moments, peut être un fil d'Ariane, un guide pour sortir de ce labyrinthe. Les individus peuvent avoir besoin d'assistance pour réorganiser leur vie et pour trouver de nouveaux rôles qui leur apporteront un sens et une identité renouvelés.

Deuil par perte de lieu cher : C'est comme se tenir au sommet d'une montagne, regardant en bas vers un paysage que l'on a aimé, mais qui n'est plus. La tristesse, la mélancolie, la nostalgie et la frustration peuvent couler comme des rivières en aval. Le soutien émotionnel, dans ces moments, peut être comme un refuge, un endroit pour partager et se rappeler les bons moments passés dans cet endroit cher. Ils peuvent avoir besoin d'aide pour trouver de nouveaux lieux qui seront importants pour eux, qui leur apporteront une nouvelle joie et de nouvelles significations.

Il est crucial de comprendre que ces réactions et ces besoins ne sont pas fixes, ils sont comme le vent et les vagues, changeant et se modifiant au fil du temps. Ils peuvent varier d'un individu à l'autre, en fonction de leur personnalité, de leur histoire et de leur capacité à faire face à la perte. Chaque individu en deuil est unique, tout comme l'est leur expérience de la perte. En tant que tels, ils méritent un soutien qui est adapté à leurs besoins spécifiques, un soutien qui reconnaît et respecte leur individualité.

Je vous invite à vous rappeler que le deuil fait partie intégrante de l'expérience humaine, tout comme l'amour et la joie. Il est essentiel de l'embrasser, de le comprendre, et surtout, de le respecter. En faisant cela, nous ouvrons la porte à la guérison et à la transformation, nous permettons à ceux qui sont en deuil de trouver une nouvelle voie, une nouvelle lumière dans l'obscurité de la perte. Parce qu'en fin de compte, le deuil est un voyage, un voyage vers la guérison, vers l'acceptation et une nouvelle compréhension de soi et de la vie.

Les étapes pour surmonter le deuil

Comme une danse avec des mouvements complexes et différents, le processus du deuil est une chorégraphie unique à chaque individu, pleine de hauts et de bas, de pauses et de mouvements fluides. Un des schémas les plus familiers pour comprendre cette danse est celui proposé par Kübler-Ross, qui dépeint cinq étapes : le choc et l'incrédulité, la colère, le marchandage, la dépression et l'acceptation.

Choc et incrédulité : C'est la première étape, l'écho assourdissant de la réalité qui résonne à travers le corps et l'âme. La nouvelle de la perte peut être accueillie par une incrédulité paralysante, une réalité trop dure à accepter.

Colère : Dans cette danse du deuil, la colère peut surgir comme un feu violent, consommant l'individu endeuillé. Ils peuvent ressentir une rage intense envers la situation, et parfois, envers ceux qu'ils considèrent comme responsables.

Marchandage : Imaginez qu'on est en train de discuter avec l'univers, essayant de conclure un accord qui nous ramènerait à la normalité, qui effacerait la perte. C'est le marchandage, une tentative de négocier avec une puissance supérieure.

Dépression : Le deuil peut plonger une personne dans un océan de tristesse, une détresse émotionnelle qui engloutit tout. Il peut être difficile de se concentrer, d'accomplir les tâches quotidiennes ou même de trouver un sens à la vie.

Acceptation : Cette dernière étape n'est pas une célébration de la fin de la danse, mais une acceptation tranquille de la réalité de la perte. C'est un moment où l'on commence à s'adapter à l'idée de vivre sans la présence de la personne disparue.

Il est essentiel de comprendre que ces étapes ne sont pas une séquence fixe, mais plutôt une composition fluide de mouvements qui varie d'un individu à l'autre. Certaines personnes peuvent sauter des étapes, d'autres peuvent s'attarder plus longtemps à une certaine phase. Il n'y a pas de rythme défini pour cette danse, car chaque danseur du deuil a son propre tempo.

D'autres modèles ont tenté de décrire cette danse complexe du deuil. Par exemple, le modèle de Worden décrit le deuil comme un processus de quatre tâches : accepter la réalité de la perte, traiter les émotions liées à la perte, s'adapter à un monde sans la présence de la personne perdue et continuer à s'investir émotionnellement dans de nouvelles relations.

Le modèle de Bonanno présente le deuil comme un continuum, allant de l'adaptation normale à la dysfonction. Selon lui, les individus peuvent avoir une variété de réactions, qui ne sont pas nécessairement liées à l'intensité de la perte.

Le modèle de Parkes propose une vision du deuil en trois phases : la réaction immédiate, la réaction intermédiaire et la réaction tardive. Chaque phase peut avoir des réponses très différentes.

Le modèle de Rosner voit le deuil en cinq étapes : l'identification, la réflexion, la reconstruction, la résolution et la transformation. Cette perspective souligne le rôle crucial de la reconstruction personnelle après une perte.

Il est important de comprendre que ces modèles ne sont que des tentatives pour organiser la danse chaotique du deuil en des mouvements compréhensibles. Ils sont des généralisations et ne peuvent pas toujours capturer la réalité complexe et unique de chaque individu en deuil.

Alors, comment naviguer à travers cette danse du deuil ? C'est une question à laquelle chaque danseur doit répondre pour lui-même, mais il est crucial de se souvenir de ceci : chaque individu en deuil est unique. Chaque danse du deuil a son propre rythme, sa propre mélodie, ses propres mouvements.

Et comme dans toute danse, il y a des moments de trébuchement, des moments de grâce, des moments de douleur et des moments de libération. Il est essentiel d'accompagner chaque danseur avec compassion, avec empathie, avec patience. Offrir un soutien qui est adapté à leurs besoins spécifiques, qui reconnaît leur individualité, qui respecte leur tempo.

Et peut-être, à travers ce voyage, à travers cette danse du deuil, nous pouvons trouver une certaine transformation, une certaine guérison. Peut-être que la danse du deuil n'est pas seulement une danse de la perte, mais aussi une danse de l'amour, une danse de la mémoire, une danse de la vie.

Chaque danse du deuil est unique. Chaque danseur du deuil mérite respect, compassion et soutien. Chaque danse du deuil est une partie essentielle de notre voyage humain. Et à travers cette danse, à travers cette expérience, peut-être pourrions-nous comprendre mieux la profondeur et le sens accordé à être humain.

Conseils pratiques pour traverser les étapes du deuil

Dans le cœur de la vie humaine, il y a un flux et un reflux continus de joie et de tristesse, de connexion et de perte. C'est dans ce courant de la vie que nous nous trouvons, parfois, confrontés au deuil, une danse intense et personnelle avec la perte. Comment naviguons-nous à travers ce voyage ? Comment honorons-nous notre douleur tout en restant fidèles à notre véritable nature, cette essence d'amour et de lumière en nous ?

Choc et incrédulité : En ces moments, où la réalité de la perte nous frappe comme un éclair, il est crucial d'exprimer notre vérité, parlons de la personne qui est partie, exprimons notre douleur et n'en faisons pas une affaire personnelle. Il faut prendre soin de nous-mêmes, manger sainement, faire de l'exercice, prendre du temps pour soi... ce ne sont pas des actes d'égoïsme, mais des moyens essentiels de nourrir notre corps, notre esprit et notre âme.

Colère : La colère est une réaction naturelle au deuil, un reflet de notre douleur et non de notre être véritable. Exprimons cette colère de manière saine - écrivons dans un journal, partageons avec un ami de confiance, cherchons une aide thérapeutique. En exprimant notre colère, nous libérons notre douleur, nous honorons notre perte et nous commençons à guérir.

Marchandage : Le marchandage est une tentative de négocier avec l'univers, un effort pour éviter la douleur de la perte. Mais ce n'est pas une solution. Plutôt, faisons de notre mieux pour embrasser notre nouvelle réalité, pour vivre une vie qui honore notre être véritable et notre être aimé.

Dépression : Dans ces moments de tristesse intense, rappelons-nous que la dépression est une réaction naturelle au deuil. Cherchons une aide professionnelle si nécessaire. Et continuons à prendre soin de vous. Manger sainement, faire de l'exercice, prendre du temps pour nous... ces choses peuvent sembler sans importance, mais elles sont des actes d'amour envers nous-mêmes, des moyens essentiels de nourrir notre corps et notre âme.

Acceptation : Il est important de comprendre que l'acceptation n'est pas la fin du deuil, mais une étape du voyage. Il est normal de continuer à ressentir de la tristesse, de la douleur. Parler de la personne disparue, chercher des activités qui donnent un sens à notre vie, maintenir des relations sociales et familiales significatives, prendre soin de nous physiquement et émotionnellement. Tous ces actes sont des moyens d'honorer notre perte et de célébrer notre vie.

Le deuil est un voyage unique pour chacun d'entre nous. Chaque individu traverse le deuil à son rythme, en suivant sa propre voie. Ainsi, le respect des choix et des décisions de chacun est primordial. Certains peuvent chercher du réconfort en changeant d'endroit ou en voyageant, tandis que d'autres peuvent trouver du soutien en s'engageant dans des activités qui leur sont significatives, en entretenant des relations sociales et familiales, ou en honorant simplement la mémoire de la personne disparue.

Il est également vital de reconnaître qu'il n'y a pas de panacée pour tous. Certaines méthodes peuvent aider certaines personnes endeuillées, mais ne conviennent pas à toutes. Le remariage ou l'adoption peut offrir du réconfort à certains, mais pas à d'autres. Engagez-vous dans des discussions ouvertes avec ceux qui sont en deuil, offrez-leur des conseils et des options, et soutenez-les dans leur prise de décisions éclairées.

Cependant, malgré nos différences individuelles, une vérité universelle demeure : la guérison réside dans l'amour et l'acceptation. Aimer et accepter notre douleur, notre perte, notre tristesse. Aimer et accepter notre joie, notre connexion, notre vie. Aimer et accepter notre être véritable, cette essence d'amour et de lumière en nous.

Ainsi, même dans le deuil, nous continuons à grandir, à apprendre, à aimer. Nous continuons à être fidèles à notre véritable nature. Nous continuons à danser, à chanter, à rire. Nous continuons à vivre. Et c'est dans ce continu, dans cette résilience, que nous honorons nos êtres aimés, que nous honorons notre vie, que nous honorons notre humanité.

Histoires vécues

Chacun de nous parcourt le chemin du deuil à sa manière unique. Nos histoires de deuil sont aussi individuelles que les empreintes digitales que nous portons sur nos doigts. Malgré la singularité de chaque parcours, des fils d'humanité se tissent à travers nos expériences, créant une étoffe commune de compassion et de compréhension. Visitons quatre de ces histoires.

John, un homme d'une profondeur insondable, a perdu son épouse après quatre décennies de mariage fusionnel. La douleur de cette perte a ravagé son âme, déclenchant une tempête de colère dirigée vers Dieu, la vie, les médecins qui n'ont pas pu la sauver. Cependant, John a découvert un moyen puissant de transmuter sa colère en amour. Il a choisi d'utiliser sa propre expérience douloureuse pour aider les autres dans le processus de deuil. Devenant bénévole dans un centre de deuil, il a servi d'ancre pour ceux qui naviguent dans les eaux tumultueuses de la perte, partageant sa propre expérience et écoutant avec empathie leurs histoires. Dans le service aux autres, il a trouvé une nouvelle dimension à son existence, un moyen d'honorer la mémoire de sa femme bien-aimée.

Sarah, quant à elle, a été confrontée à la perte insupportable de son fils adolescent dans un accident de voiture. La dépression l'a enveloppée d'une obscurité qui semblait infranchissable. Pourtant, avec le temps, elle a réussi à transformer sa profonde douleur en une force de changement. Sarah a fondé une association pour sensibiliser à la conduite responsable, transformant ainsi son chagrin personnel en une mission publique de sauver d'autres vies. En faisant cela, elle a honoré la mémoire de son fils en créant un héritage d'espoir et de prévention.

Michael a perdu sa fille unique dans un accident de la route, une perte qui a provoqué une tempête émotionnelle d'une intensité indescriptible. Cependant, au lieu de se laisser submerger par la tristesse et la colère, il a choisi d'honorer la mémoire de sa fille en poursuivant son rêve de venir en aide aux enfants défavorisés des pays en voie de développement. Il a créé une ONG pour concrétiser ce rêve, voyageant dans divers pays pour superviser personnellement les initiatives de son organisation. Dans cette quête pour donner une vie meilleure à d'autres, il a trouvé une nouvelle raison de vivre et une façon de se sentir proche de sa fille. Son histoire offre un rayon d'espoir à d'autres personnes endeuillées, témoignant du pouvoir de la résilience et du sens.

Enfin, il y a Jane. Son mari a succombé à une longue maladie, la laissant seule et dévastée. Tout comme les autres, elle a traversé les vagues tumultueuses du deuil, se donnant le temps de comprendre et d'accepter sa perte. Elle a honoré la mémoire de son mari en créant une fondation pour aider ceux qui luttent contre la même maladie. Elle a trouvé une nouvelle force en réalisant ses propres rêves, voyageant et explorant le monde, une activité qui lui permettait de se sentir en communion avec son mari disparu. Elle a appris à continuer à vivre sa vie avec sens et à célébrer l'amour qu'ils partageaient, malgré l'absence physique de son partenaire.

Ces récits sont plus que de simples histoires de deuil. Ils sont des témoignages de la résilience humaine face à la perte la plus profonde. Chaque personne a trouvé un moyen unique de faire face à son chagrin, que ce soit en aidant les autres, en honorant la mémoire de l'être cher disparu, en trouvant un but ou en réalisant des aspirations personnelles.

John a transformé sa colère en amour en devenant un pilier pour d'autres personnes endeuillées. Sarah a converti sa dépression en action, en sensibilisant les gens aux dangers de la conduite en état d'ivresse. Michael a trouvé du réconfort et un but en poursuivant le rêve de sa fille pour aider les enfants dans le besoin. Jane a honoré la mémoire de son mari en aidant d'autres personnes atteintes de la même maladie et en vivant ses propres rêves.

La douleur de leur perte est indéniable, mais ce qui ressort de ces histoires, c'est leur résilience face à l'adversité et leur capacité à transformer leur chagrin en quelque chose de positif et de significatif. Chaque expérience de deuil est unique, et pourtant, ces histoires montrent que même dans les moments les plus sombres, nous pouvons trouver une lumière d'espoir, une raison de continuer, un moyen de donner un sens à notre existence.

Chaque histoire de deuil est un rappel que nous sommes, au fond, des êtres de lumière et d'amour. Même face à la perte et à la douleur, nous avons la capacité d'honorer nos êtres aimés de manière significative, de trouver un sens à notre existence, et de transformer notre chagrin en une force pour le bien.

Nous traversons tous des périodes de deuil dans nos vies, et ces histoires nous rappellent que, malgré la douleur, nous avons la capacité de surmonter, de guérir et de trouver un sens à notre existence. Qu'il s'agisse d'aider les autres, d'honorer la mémoire de nos proches disparus, de poursuivre nos rêves, ou de chercher un but dans notre vie, nous avons tous la capacité de transformer notre chagrin en quelque chose de positif et de significatif. Le deuil est un voyage, et bien qu'il puisse être difficile, il est également possible de trouver de la beauté et du sens dans la douleur.

Le coin psy
Histoire de Mourad

Dans l'infini tissu de la vie, nous tissons des histoires qui définissent notre existence, façonnent notre compréhension et nous propulsent vers l'avenir. L'histoire de Mourad est l'une de ces précieuses étoffes. C'est une histoire d'amour inébranlable, de perte déchirante, et de résilience sans bornes.

Mourad, un homme au cœur tendre et à l'âme dévouée, avait accordé son existence à nourrir les aspirations de son fils unique, Malik. Chaque jour silencieux, chaque nuit éveillé, il a lutté pour offrir à Malik un chemin pavé d'opportunités et de réalisations. Malik, leur lumière et leur joie, était comme une mélodie qui apaisait leurs cœurs et les faisait vibrer d'amour et de fierté.

Mais l'univers, dans sa sagesse mystérieuse et sa cruauté apparente, a choisi de composer une nouvelle mélodie. La veille de son baccalauréat, un jour qui aurait dû être une célébration de l'effort et de l'accomplissement, Malik a été emporté par la tragédie. Un accident de voiture l'a arraché du tissu de leur vie, laissant un trou béant de douleur et de tristesse. Pour Mourad et sa femme, c'était comme si le temps s'était arrêté, comme si le monde avait perdu sa couleur et sa musique.

Cependant, Mourad a trouvé la force de se relever dans son amour pour Malik. Il a transformé le cri déchirant de sa douleur en un hymne silencieux à l'amour et à la mémoire de son fils. En dépit de n'avoir qu'un BEG, Mourad a choisi de reprendre les études. Il s'est lancé dans cette quête avec une détermination inflexible, avec chaque livre ouvert, chaque page tournée, chaque examen passé, il portait la mémoire de Malik dans son cœur.

Trois ans plus tard, Mourad a obtenu son baccalauréat, un hommage à son fils aimé. Ce diplôme, bien plus qu'un bout de papier, était un symbole d'amour, de souvenir et d'espoir. Il l'a accroché dans la chambre de Malik, transformant la mélancolie de l'absence en une célébration silencieuse de l'amour et de l'aspiration.

Cette histoire de Mourad est un testament de la force de l'âme humaine, de sa capacité à surmonter la douleur et à trouver un sens même dans l'abîme de la perte. Elle témoigne de l'amour incommensurable d'un parent pour son enfant, un amour qui transcende le voile de la mort. Elle montre aussi comment nous pouvons continuer à vivre après la perte, en portant les rêves de nos êtres aimés dans nos cœurs et en trouvant un sens à notre existence. Ce n'est pas simplement une histoire de deuil, mais une histoire d'espoir, de résilience et d'amour éternel.

Histoire de Marie

Nous sommes tous liés par les fils invisibles des histoires que nous partageons, des joies et des peines que nous ressentons. Certaines de ces histoires sont imprégnées de douleur, tissées avec des fils de terreur, de souffrance et de résilience. Ces histoires doivent être racontées avec une sensibilité et une compassion profondes. C'est l'histoire de Marie, une femme qui a été témoin de l'abîme de l'inhumanité, une femme dont le courage et la résilience offrent un témoignage poignant de la force de l'esprit humain.

La vie paisible de Marie a été brisée lorsque la violence brutale a fait irruption dans son village. Son monde s'est effondré lorsque des terroristes ont emporté sa famille, laissant derrière eux une empreinte indélébile de douleur et de désespoir. La douleur de perdre son mari et son fils de cette manière est presque inimaginable, une violence qui déchire le tissu même de l'âme.

Malgré son expérience traumatisante, Marie a survécu, portée par la force de l'esprit et l'amour de sa fille. Sa fille, un phare de lumière dans la tempête de sa souffrance, a alerté les secours qui l'ont trouvée et l'ont amenée à l'hôpital. Là, dans l'abîme de la douleur et du désespoir, Marie a trouvé un soutien dans le visage d'un psychologue compatissant. Cet homme dévoué est devenu sa boussole, l'aidant à naviguer dans le tumulte de ses émotions.

Au début, Marie s'est murée dans le silence, une forteresse protectrice contre la douleur insupportable de son expérience. Pourtant, avec le temps et la patience, le psychologue a réussi à percer ce mur. Grâce à une méthode thérapeutique spéciale, il a réussi à établir une communication, un pont vers la guérison. Il lui a montré que même au milieu de la douleur la plus dévastatrice, il y avait encore de l'espoir. Il lui a rappelé l'importance de la vie de sa fille, et lui a indiqué comment elle pouvait trouver la force de surmonter sa propre douleur pour l'amour de sa fille.

C'est ici que nous devons nous rappeler du rôle crucial des professionnels de la santé mentale. Ils sont souvent les gardiens silencieux, les guérisseurs des blessures invisibles qui peuvent être causées par des événements aussi traumatiques. Ils nous rappellent qu'aucune douleur n'est insurmontable, qu'aucune blessure ne peut éteindre complètement la flamme de l'esprit humain. Ils nous aident à voir au-delà du voile de la douleur, à trouver un sens même dans les tragédies les plus sombres.

C'est un hommage à la force intérieure de Marie, à sa résilience face à l'adversité. C'est un témoignage de la puissance de l'esprit humain, de notre capacité à survivre et à surmonter même les situations les plus terrifiantes. C'est une histoire qui mérite d'être racontée, une histoire qui nous rappelle notre capacité à surmonter l'obscurité avec courage et détermination.

Le traumatisme que Marie a vécu est à la fois déchirant et effroyable. Pourtant, en partageant son histoire, nous sommes appelés à la ressentir profondément et à faire preuve d'empathie. Nous sommes invités à considérer l'impact de la violence et du terrorisme sur l'individu et sur la communauté, et à réfléchir sur notre rôle dans la création d'un monde plus sûr et plus aimant.

Marie, après avoir été le témoin de l'horreur indicible, a été laissée pour morte. Cependant, grâce à la bravoure de sa fille qui a alerté les secours, elle a été retrouvée et amenée à l'hôpital. Bien que brisée et battue, sa lumière intérieure n'a jamais cessé de briller. Sa volonté de survivre, alimentée par l'amour inconditionnel qu'elle porte à sa fille, est un puissant témoignage de la résilience humaine.

La prise en charge de Marie par un psychologue souligne l'importance du soutien émotionnel en temps de crise. Au début, Marie est restée muette, les mots se perdaient dans la douleur de ses souvenirs. Mais, avec une patience infinie et une compréhension profonde, le psychologue a lentement aidé Marie à trouver sa voix. Il lui a permis d'explorer sa douleur dans un espace sûr et a centré la guérison autour de l'amour qu'elle porte à sa fille et à la vie qu'elles ont encore à vivre ensemble.

Ce processus de guérison souligne l'importance du travail des professionnels de la santé mentale. Ils apportent la lumière dans les ténèbres, offrant un refuge sûr pour explorer la douleur et découvrir les chemins vers la guérison. En accompagnant les victimes de violence et de terrorisme, ils fournissent une aide précieuse pour surmonter l'horreur et trouver la force de continuer.

L'histoire de Marie est une tragédie qui a fait écho à travers le monde. C'est une histoire douloureuse, remplie de souffrance et de perte. Mais c'est aussi une histoire de résilience et de guérison, une histoire qui rappelle l'importance de la compassion et du soutien dans les moments les plus sombres. En partageant son histoire, nous rendons hommage à son courage et nous engageons à travailler pour un monde exempt de violence et de terreur.

En fin de compte, nous devons nous souvenir que chaque histoire de victime de violence ou de terrorisme est unique, et chacune mérite d'être racontée avec respect et sensibilité. Chaque histoire est une occasion de comprendre, de faire preuve d'empathie et d'agir. En tant que société, nous avons le devoir d'écouter, d'apprendre et de faire tout ce qui est en notre pouvoir pour prévenir de telles tragédies à l'avenir.

Conseils pratiques pour traverser le deuil

Dans le voyage tumultueux de la vie, nous rencontrons souvent des vagues de chagrin qui ébranlent notre existence, nous faisant vivre des expériences de deuil. Chaque individu traverse ces eaux sombres à sa façon, il n'existe donc pas de formule universelle pour naviguer à travers ces moments. Votre humble guide vous propose cependant des points de repère, des lumières dans la tempête, pour aider à guider votre navire à travers ces moments de turbulence émotionnelle.

Tout d'abord, réalisez que l'expression de vos émotions est non seulement normale, mais également nécessaire. Le deuil n'est pas seulement une épreuve, mais aussi un processus de guérison, où chaque larme est une perle de sagesse, chaque moment de colère ou de culpabilité est une étape vers l'acceptation. Ne refoulez pas vos émotions, exprimez-les, faites de l'espace pour elles, invitez-les à la table de votre cœur et laissez-les raconter leurs histoires.

Deuxièmement, il est crucial de se rappeler que le deuil, bien que souvent un voyage solitaire, n'est pas un voyage que l'on doit entreprendre seul. Trouvez un refuge dans la présence bienveillante des autres, une oreille attentive, une main tendue peut apporter un réconfort immense. Laissez les autres vous aider à porter votre fardeau, car dans le partage de notre douleur, nous trouvons souvent une force nouvelle.

Troisièmement, prenez soin de vous. Le deuil est une tempête qui peut harasser notre corps et notre esprit. N'oubliez pas que pour guérir l'esprit, nous devons aussi soigner le corps. Prenez le temps de vous nourrir sainement, de bouger votre corps, de vous reposer et de vous réconforter avec des activités qui vous apportent de la paix.

Quatrièmement, n'ayez pas peur de chercher de l'aide professionnelle. Parfois, notre douleur peut être si grande que nous avons besoin d'une main guidée pour nous aider à traverser le brouillard. Les professionnels de la santé mentale peuvent fournir des outils et des perspectives qui peuvent nous aider à avancer.

Il est important de comprendre que le deuil a plusieurs visages, chacun avec ses propres caractéristiques. Comme un bijou aux multiples facettes, chaque type de deuil a des aspects uniques et des défis qui lui sont propres.

Le deuil causé par la mort d'un être cher est une expérience universelle, partagée par tous, et pourtant unique pour chaque individu. Il arrive sans crier gare, par maladie, accident ou vieillesse, nous laissant souvent impuissants. Chaque étape, du choc initial à l'acceptation, est un pas vers la guérison. Permettez-vous de pleurer, de ressentir la perte et n'hésitez pas à chercher de l'aide si la douleur semble insurmontable.

Le deuil de la perte d'un emploi peut frapper aussi durement que la perte d'un être cher. Notre travail est souvent étroitement lié à notre identité ; notre estime de soi et la perte de ce rôle peuvent être déstabilisantes. Le processus de guérison implique ici des moments de colère, de culpabilité, d'anxiété et de tristesse. C'est un moment pour réévaluer votre identité et vos valeurs, en réalisant que vous êtes plus que votre travail. Cherchez de l'aide pour réorienter votre carrière ou développer de nouvelles compétences, et rappelez-vous que le deuil de cette perte est tout aussi valide.

Le deuil d'un rôle social, que ce soit un mariage, une amitié ou un rôle parental, peut changer notre perception de nous-mêmes et du monde qui nous entoure. Les émotions qui surviennent — tristesse, colère, culpabilité, anxiété — sont le reflet de la profondeur de notre attachement à ces rôles. Prenez le temps de vous exprimer et cherchez de l'aide pour surmonter cette épreuve. Cette perte, aussi douloureuse soit-elle, peut aussi être une occasion de croissance, un moment pour découvrir de nouveaux aspects de vous-même et de nouvelles façons de renouer avec les autres

.

Il est crucial de comprendre que ces étapes du deuil ne sont pas linéaires, elles sont plus comme des vagues qui vont et viennent. Chaque personne navigue à travers ces vagues à son rythme, et il n'y a pas de calendrier pour le deuil. Avoir un professionnel de la santé mentale à vos côtés peut être un phare dans la tempête, guidant votre bateau vers des eaux plus calmes.

Enfin, je tiens à souligner que bien que le deuil soit une expérience universelle, chaque deuil est unique, tout comme chaque individu est unique. Chaque larme a son histoire, chaque cœur a sa chanson. Dans le respect de cette unicité, nous pouvons apporter de la compassion, de l'écoute et du soutien à nous-mêmes et aux autres, dans notre voyage à travers les vagues de la douleur vers les rives de la guérison.

La prise en charge du deuil

En tant que guide, je peux vous proposer des chemins, des routes, des lumières pour éclairer votre voyage, mais le pas final doit être le vôtre. La prise en charge du deuil et traverser l'abîme, est une carte que je souhaite partager avec vous.

La thérapie individuelle est un phare dans la tempête du deuil. Elle offre un espace pour vous rencontrer vous-même, pour embrasser vos émotions, pour comprendre votre processus de deuil. Ce dialogue intime avec vous-même, facilité par un professionnel, peut aider à explorer les abysses de votre chagrin et à trouver des stratégies pour y faire face. La thérapie centrée sur les émotions peut être particulièrement bénéfique, vous permettant d'exprimer vos émotions de manière saine et constructive.

Les groupes de soutien sont comme des oasis dans le désert de la douleur. Ils sont souvent guidés par des professionnels, mais le vrai pouvoir vient du partage avec d'autres qui ont également connu la perte. Dans ces espaces, vous pouvez partager vos histoires, exprimer vos émotions, et trouver un sentiment de camaraderie dans votre chagrin.

Les amis et la famille sont votre tribu dans ce voyage. Leur soutien peut faire une grande différence, même s'ils peuvent ne pas toujours savoir comment aider. Il est important pour eux d'être présents, d'écouter, de respecter votre processus de deuil et d'être disponibles. Leur rôle est moins de « guérir » votre douleur, mais plutôt de vous accompagner tout au long de votre processus de guérison.

Les activités de distraction peuvent être des sanctuaires dans votre voyage à travers le deuil. Il peut s'agir de sport, de méditation, de musique ou d'art. Ces activités peuvent vous aider à canaliser votre douleur, à vous connecter à des parties de vous-même qui ne sont pas définies par votre perte et à trouver du réconfort dans le mouvement, la créativité ou la contemplation.

Il est crucial de comprendre que cette carte n'est pas fixe, elle doit être adaptée à votre propre parcours. Chaque individu a sa propre manière de naviguer à travers le deuil, et le chemin que vous choisissez peut changer avec le temps, évoluant avec vous.

Il n'y a pas de « bonne » ou de « mauvaise » façon de traverser le deuil. Chaque personne a sa propre manière de danser avec la douleur, et chaque danse est unique et précieuse. Votre processus de deuil est votre propre voyage, et c'est un voyage que vous avez le droit de vivre à votre façon, à votre rythme. N'oubliez pas que la douleur est aussi une partie de la vie, un témoin de l'amour et de la connexion, et elle a sa place à la table de notre expérience humaine.

Les différentes façons de prise en charge

Dans l'univers énigmatique et douloureux du deuil, de multiples voies s'offrent à nous pour nous aider à naviguer à travers ces eaux tumultueuses. Il est primordial de comprendre que chaque individu est unique, sa douleur est singulière, et par conséquent, son chemin vers la guérison sera lui aussi distinct.

L'une des routes potentiellement bénéfiques pour surmonter la perte est l'exploration des thérapies psychologiques. Les approches comme la thérapie cognitive comportementale, la thérapie d'acceptation et d'engagement, et la thérapie centrée sur les émotions peuvent servir de phares, illuminant les coins sombres de l'esprit, guidant l'individu en deuil à travers le labyrinthe de ses sentiments, aidant à transmuter la douleur en résilience et à redécouvrir un sens dans la vie après la perte.

En outre, les groupes de soutien peuvent agir comme des balises d'espoir pour ceux qui se sentent submergés par la solitude du deuil. Ces havres de sécurité émotionnelle permettent un échange d'histoires, de sentiments, et de sages conseils, offrant une communauté empathique qui peut atténuer l'isolement souvent associé au deuil.

Il est parfois nécessaire de recourir à des aides médicamenteuses pour gérer les symptômes de dépression et d'anxiété qui accompagnent souvent le deuil. Les antidépresseurs et les anxiolytiques peuvent être envisagés comme des outils complémentaires à un ensemble plus large de stratégies de prise en charge du deuil.

L'exploration d'activités spirituelles ou religieuses peut fournir un certain réconfort pour certains, offrant une perspective transcendante qui peut aider à restaurer la résilience face à la perte. Qu'il s'agisse de prière, de méditation ou de rituels spécifiques, ces pratiques peuvent faciliter la connexion avec un sens plus profond et aider à apaiser le cœur blessé.

Les thérapies alternatives, telles que l'art-thérapie, la méditation, la relaxation ou le yoga, peuvent être un baume pour l'âme endeuillée, offrant des voies innovantes pour exprimer et apaiser les sentiments, et favorisant un état d'esprit plus calme et centré.

Le soutien des proches est souvent une pierre angulaire du processus de deuil. Leur présence, leur écoute attentive, et leur soutien émotionnel peuvent être inestimables. Ils peuvent aider l'individu endeuillé à s'engager dans des activités thérapeutiques, à partager des souvenirs et à naviguer dans les défis quotidiens.

Lorsqu'il s'agit de soutenir un enfant en deuil, la situation devient plus délicate. Les enfants réagissent différemment au deuil selon leur âge et leur développement, nécessitant une approche sensible et adaptée.

Il est crucial de garder à l'esprit que les enfants vivent le deuil différemment selon leur âge et leur stade de développement. Les conversations sur le deuil avec un enfant endeuillé doivent être adaptées à leurs besoins spécifiques. Il est essentiel d'aborder la mort de manière honnête, mais simple, de répondre aux questions de l'enfant avec vérité et compassion, et de ne pas leur présenter des informations inexactes ou trompeuses.

Parler de la mort : il est crucial de répondre à leurs interrogations de manière honnête, simple et compréhensible.

Exprimer les émotions : les enfants ont besoin d'un espace pour exprimer leurs émotions. Il est donc important de leur permettre de pleurer, de parler de leurs sentiments, de dessiner leurs émotions, ou d'utiliser toute autre forme d'expression qui leur convient.

Un soutien continu est vital pour les enfants en deuil. Parler régulièrement de la personne décédée, partager des souvenirs, créer un livre de souvenirs ou un jardin commémoratif peut aider les enfants à surmonter leur deuil.

Maintenir la routine de l'enfant autant que possible peut fournir un sentiment de stabilité et de continuité en des temps incertains. En outre, il est important de soutenir les enfants pour maintenir leur lien avec la personne décédée, peut-être en leur permettant de conserver des objets qui appartenaient à la personne, ou en les encourageant à parler de la personne décédée.

Activités de deuil pour enfants : Encouragez-les à participer à des activités comme la création d'un livre de souvenirs ou d'un jardin commémoratif.

Maintenir le lien avec le défunt : aidez-les à conserver leur lien avec le défunt, en leur permettant de conserver des objets ou de continuer à parler de cette personne.

Encourager l'amitié : à trouver des amis avec qui ils peuvent partager leur peine.

Enfin, continuez à surveiller l'état émotionnel de l'enfant. Si vous avez des préoccupations sur sa santé mentale ou émotionnelle, n'hésitez pas à consulter un professionnel. L'important est de naviguer ensemble à travers ces eaux troubles, main dans la main, avec compassion et amour.

Études de cas

Dans l'odyssée de l'existence de tout être humain, le deuil s'avère être une étape tourbillonnante et parfois déchirante qui réclame une sollicitude toute particulière. Chaque petit être, confronté à l'épreuve du deuil, se meut en une constellation d'émotions singulières, ourlé par l'étoffe de son âge, la profondeur de sa maturité et l'intensité de son attachement au disparu. En cet instant précieux où les ombres se mêlent aux lumières, il est impératif d'embrasser ces singularités lorsque l'on guide un enfant à travers le labyrinthe du deuil.

L'enfant, ce fragile bourgeon de l'humanité, évolue dans un monde imprégné de réalité, mais qui se teinte de magie à travers ses yeux innocents. Les saisons de la vie se dévoilent à lui comme des tableaux de la nature, et le deuil se dresse tel un sombre nuage, voilant momentanément le ciel de son existence. Chaque âge, telle une note dans une symphonie, apporte sa propre mélodie au récit du deuil.

Le tout-petit, encore empreint d'insouciance, peut percevoir le départ d'un être cher comme une énigme éphémère. Ses larmes sont des perles de confusion, ses questions, des étoiles d'innocence. Il exprime sa peine à travers des gestes, des mots simples et des câlins. À cet âge, le réconfort se trouve dans la douce étreinte d'un parent, dans la mélodie apaisante d'une berceuse.

L'enfant plus grand, éveillé à la réalité du monde, ressent le deuil avec une acuité plus vive. Les émotions tourbillonnent en lui, telles des feuilles emportées par le vent d'automne. Il questionne la mort, la cherche dans les étoiles et les nuages. Le soutien se doit alors d'être un phare dans la nuit, guidant l'enfant à travers les méandres de ses émotions. Des mots tendres, des récits apaisants et une épaule attentive sont les outils nécessaires pour le guider vers la clarté.

L'adolescent, quant à lui, marche sur le fil ténu entre l'enfance et l'âge adulte. Le deuil devient un miroir reflétant la complexité de ses sentiments. Il peut se replier sur lui-même, chercher des réponses dans les confins de son esprit, ou se perdre dans le tumulte de la vie. La présence aimante des adultes, la possibilité de partager ses pensées, même les plus sombres, sont essentielles pour qu'il trouve son chemin à travers cette forêt d'émotions.

Honorer ces variations d'âge est primordial, tout comme l'est la reconnaissance du lien affectif entre l'enfant et le défunt. Chaque relation est unique, chaque perte laisse une empreinte profonde dans le cœur de l'enfant. C'est dans ce lien que réside la trame de l'histoire, la poésie du deuil.

Le deuil, c'est aussi une nostalgie qui enveloppe l'âme comme un doux parfum de roses fanées. C'est le souvenir des moments partagés, des rires et des larmes, des histoires tissées ensemble. C'est la sensation fugace d'une présence qui semble encore vibrer dans l'air. C'est une romance éternelle entre le passé et le présent, une danse entre les souvenirs et la réalité.

À travers les tourments du deuil, l'enfant puise une force insoupçonnée. Il grandit, mûrit, et trouve en lui-même la capacité de réinventer son propre récit. Le deuil n'est pas seulement une fin, mais aussi un commencement, une métamorphose de l'âme.

Finalement, accompagner un enfant dans le voyage du deuil demande une sensibilité profonde, une oreille attentive, et un cœur empli de compassion. C'est un acte d'amour, un héritage de sagesse que nous transmettons à la génération future. C'est l'art de tisser des liens entre le passé et le présent, la réalité et la magie, la douleur et la guérison. C'est une leçon précieuse qui instruit et émeut, tout en nous rappelant que même dans les heures les plus sombres, la lumière de l'amour continue à briller, éclairant le chemin de l'enfant vers un avenir empreint de beauté et de rédemption.

Conduite à tenir face à un enfant ayant perdu sa mère

Évoquons le cas poignant d'un enfant de huit ans, touché en plein cœur par la disparition de sa mère, une présence centrale dans son univers. Ce jeune individu est plongé dans les eaux troubles de la peine. Les larmes, tels des ruisseaux, sillonnent fréquemment son visage, son sommeil se voile de tourments, et l'appétit s'évanouit dans l'ombre de son chagrin. L'enfant, à cet instant précis, réclame une attention toute particulière, car ses besoins sont uniques et impérieux.

Dans le doux écrin de son cœur d'enfant, il garde précieusement les trésors des souvenirs avec sa mère. Ces instants partagés, ces rires cristallins, ces histoires enchanteresses, tout cela demeure gravé dans les replis de son âme. Il aspire à les partager, à les évoquer, à les faire revivre. C'est un besoin pressant, une quête de réconfort à travers le pouvoir des réminiscences.

La douleur qui l'enserre, tel un étau implacable, exige une étreinte constante, une présence réconfortante. L'enfant, dans sa fragilité, se sent submergé par les vagues tumultueuses de la tristesse. Il a besoin de sentir une main bienveillante, un regard apaisant, un cœur ouvert à son chagrin. Le soutien doit être ininterrompu, un phare dans la nuit de son deuil, guidant son petit navire à travers les abysses de l'océan de douleur.

L'enfant, en cet instant de vulnérabilité, ne demande pas la lune. Il recherche simplement la certitude que sa douleur est comprise, que son chagrin est légitime, que ses émotions sont respectées. Il veut savoir qu'il n'est pas seul dans cette traversée des ténèbres. C'est dans cette compassion, dans cette présence inébranlable, que se trouve le baume qui apaise son cœur meurtri.

La perte d'une mère est une blessure profonde, une cicatrice qui marquera à jamais le chemin de cet enfant. Mais au milieu de la douleur, une lueur persiste, celle de l'amour éternel qui unit mère et enfant. C'est un amour qui transcende le temps et l'espace, qui survit à la séparation, qui continue à rayonner dans les recoins les plus sombres de l'âme de l'enfant.

Ainsi, en suivant les méandres du chagrin de cet enfant, nous découvrons la puissance de l'amour, la fragilité de la vie, et la résilience de l'âme humaine. C'est une leçon d'humanité, une poésie du cœur qui nous rappelle que même dans les moments les plus sombres, la lumière de l'amour persiste, éclairant le chemin vers la guérison et la rédemption.

Dans cette situation, voici les actions concrètes à mettre en œuvre :

Écoute et empathie : Comme le grand arbre sous lequel on se réfugie lors des tempêtes, soyez cette présence rassurante. Laissez l'enfant parler de sa mère, de leurs moments partagés, et de ses émotions, qu'elles soient de tristesse, de colère ou de confusion. Il est essentiel de faire preuve d'empathie et de lui permettre d'exprimer sa douleur.

Accompagnement du deuil : Comprenez que le deuil est un voyage, parfois long et sinueux. Des moments difficiles peuvent surgir à tout moment. En ce sens, offrez à l'enfant des ressources comme des livres adaptés à son âge, des groupes de soutien, ou l'accompagnement d'un thérapeute spécialisé pour l'aider à gérer sa douleur.

Maintien de la routine : La routine est un fil d'Ariane qui guide l'enfant à travers le labyrinthe du deuil. Gardez la routine de l'enfant stable, encouragez-le à s'engager dans des activités quotidiennes, comme l'école ou des loisirs. Cela aidera à maintenir une certaine normalité et sécurité dans sa vie.

Promouvoir une relation positive avec la mère défunte : encouragez l'enfant à entretenir une relation positive avec sa mère, même après son décès. Laissez-le parler à sa mère, écrire des lettres pour elle, conserver des objets qui lui rappellent sa présence. C'est un moyen sain de traiter la perte et de conserver un lien affectif avec la mère.

Être présent pour l'enfant : Le deuil est une montagne à gravir, et chaque pas demande beaucoup d'efforts. Soyez disponible pour l'enfant, pour l'écouter, pour le rassurer, pour le soutenir. Votre présence constante et patiente sera une source de réconfort et de soutien tout au long de ce difficile voyage.

Il est important de noter que chaque enfant est unique et que le chemin du deuil qu'il emprunte sera tout aussi unique. Chaque pas qu'il fait, chaque sentiment qu'il exprime, chaque besoin qu'il exprime doit être respecté et pris en compte dans le soutien que nous lui apportons.

Conduite à tenir face à un enfant qui a perdu son père

Le périple de la vie, un sentier sinueux bordé d'épreuves qui sculptent notre être, des épreuves qui nous rappellent sans cesse la fugacité de notre existence. Parmi ces défis majeurs se dresse l'ombre du deuil, plus poignante encore lorsqu'elle enveloppe la figure d'un parent. Lorsqu'un enfant se lance courageusement dans cette pénombre, il a besoin d'une main tendre pour le guider et d'une âme compatissante pour le comprendre. En ce lieu obscur de l'âme, nous contemplerons l'histoire d'un jeune garçon de douze ans, étreint par la douleur de la perte de son père, une relation moins flamboyante que celle avec sa mère, mais néanmoins profonde.

Le cœur de ce jeune homme, en ce moment de tristesse profonde, est voilé de nuages sombres. Les larmes coulent en silence, la concentration scolaire vacille, et les questions se bousculent dans son esprit, cherchant à dévoiler les mystères de la mort. Ses besoins spécifiques sont autant de pétales de roses délicates qui gravitent autour de lui, témoins de ses désirs les plus intimes.

Il ressent l'impérieux besoin de parler de son père, de remémorer les instants précieux partagés, de déposer ces souvenirs fragiles dans la lumière de la mémoire pour les préserver de l'oubli. Dans chaque récit, dans chaque anecdote, il trouve un baume pour apaiser son âme tourmentée, une étreinte virtuelle qui le relie à l'âme de son père, là où les mots et les souvenirs se fondent en une mélodie de tendresse.

Mais au-delà des mots, il lui faut aussi dénouer l'écheveau de la mort, ce concept mystérieux qui défie la compréhension de l'esprit humain. Il se questionne sur la signification de cette transition vers l'inconnu, sur le destin de l'âme qui s'envole, sur le mystère ultime de la vie et de la mort. Il recherche un guide, un éclaireur dans les ténèbres de la métaphysique, quelqu'un qui puisse apaiser ses tourments et éclairer le chemin obscur de ses interrogations.

En ce voyage à travers le deuil, nous sommes tous des compagnons, des gardiens des mémoires, des gardiens des âmes. C'est dans la communion des cœurs, dans la douce mélodie des souvenirs, dans la recherche inlassable de la vérité, que l'enfant trouve son réconfort, que l'âme trouve sa guérison. Le deuil, c'est le reflet poignant de la condition humaine, une toile complexe tissée de chagrin, d'amour et de compréhension, une poésie en prose qui nous enseigne la valeur sacrée de chaque moment, la fragilité de chaque vie, et la force incommensurable de l'amour qui transcende la mort, illuminant notre route vers la rédemption.

Écoute et empathie : L'écoute active est une vertu précieuse. Laissez l'enfant évoquer son père, partager des souvenirs, exprimer ses émotions. Par votre présence et votre empathie, montrez-lui que vous comprenez sa peine et que vous êtes là pour l'accompagner dans ce passage difficile.

Répondre aux interrogations de l'enfant sur la mort : face à la mort, des questions surgissent, surtout chez un enfant. Répondez à ces interrogations avec honnêteté, en adaptant votre discours à son âge et à son niveau de compréhension. Il est crucial de ne pas éviter ces questions, car elles permettent à l'enfant d'intégrer ce qui s'est passé.

Soutien au deuil : Le deuil est un parcours avec ses propres défis. Il est long, il est unique, il est personnel. Proposez à l'enfant des ressources adaptées, telles que des livres sur le deuil, des groupes de soutien ou encore l'aide d'un thérapeute pour l'aider à traverser ce processus.

Maintien de la routine : Dans le chaos du deuil, le maintien de la routine peut servir de balise. Gardez la routine de l'enfant stable, encouragez-le à poursuivre ses activités quotidiennes, que ce soit l'école ou les activités extrascolaires. Cela permettra à l'enfant de se sentir en sécurité et de retrouver une certaine normalité.

Promouvoir une relation positive avec le père défunt : même après la mort, la relation avec le père peut perdurer d'une manière différente. Encouragez l'enfant à continuer à se sentir connecté à son père, à travers le dialogue avec lui, l'écriture de lettres, ou la conservation d'objets qui le lient à son père. Cela permet à l'enfant de garder une relation positive avec son père et facilite le processus de deuil.

Être présent pour l'enfant : Le deuil est un voyage long et ardu. Restez présent pour l'enfant, à l'écoute de ses besoins, prêt à le soutenir et à le rassurer. Le deuil n'est pas un processus à accélérer, mais un chemin à parcourir avec patience et compassion.

Conduite à tenir face à un enfant ayant perdu ses deux parents

Au sein de la grande symphonie de la vie, la musique peut parfois se parer d'une tonalité mélancolique, une note qui résonne douloureusement lorsque le destin place un enfant face à la perte simultanée de ses deux parents. C'est un chapitre où la tristesse prend le devant de la scène, où le chagrin se fond dans l'âme comme un torrent impétueux. En de telles heures sombres, une sensibilité exquise et une compassion infinie sont nécessaires pour guider l'enfant à travers les vagues tumultueuses de son désarroi. Laissez-nous ainsi éclairer ce périple à travers le prisme du développement personnel, une approche qui se plie à la singularité de chaque enfant.

La perte simultanée des deux piliers de l'enfant, ses parents, est une épreuve à nulle autre pareille. Le monde qu'il avait connu, la sécurité qu'il avait trouvée dans leurs bras aimants, tout cela s'effondre brusquement, laissant place à un abîme de solitude et de désolation. Les larmes, les cris silencieux, les questions sans réponses, tout cela devient le quotidien de cet enfant naufragé.

Face à une telle épreuve, l'enfant requiert une approche qui transcende les modèles conventionnels. Chacun d'entre eux est une étoile solitaire dans l'univers de son chagrin, et il est nécessaire d'adapter le soutien à sa lumière unique. L'écoute attentive, la compréhension profonde, la présence constante sont autant d'instruments dans l'orchestre de la guérison.

L'enfant, au cœur de cette tempête, a besoin de raconter son histoire, de donner une voix à sa douleur indicible. Il veut partager les souvenirs de ses parents, des souvenirs qui deviennent des phares dans l'obscurité de son chagrin. Chaque anecdote, chaque réminiscence est une étoile dans le firmament de sa mémoire, une étoile qui éclaire le chemin vers la rédemption.

Le développement personnel de l'enfant, dans ce contexte déchirant, se forge dans le creuset de l'adversité. Il apprend à affronter les tourments de la vie avec une résilience qui dépasse l'entendement. Il découvre la profondeur de sa propre force, la beauté de sa propre fragilité, et la capacité de l'âme à se relever même après les épreuves les plus déchirantes.

En fin de compte, l'histoire de cet enfant est une épopée d'amour, de perte, de douleur, et de résilience. C'est une leçon de vie qui nous rappelle la fragilité de notre existence, la force indomptable de l'âme humaine, et la puissance de l'amour qui transcende la mort. Dans cette symphonie de la vie, même les notes les plus sombres peuvent créer une mélodie poignante, une mélodie qui nous enseigne que l'espoir et la guérison sont toujours possibles, même au cœur de la tourmente.

Écoute et empathie : Le silence peut parfois être plus lourd que les mots. L'acte d'écouter peut devenir une passerelle de compassion entre vous et l'enfant. Accueillez les histoires, les souvenirs et les sentiments que l'enfant souhaite partager à propos de ses parents. L'empathie en ces moments douloureux est plus qu'une simple réaction ; elle est une main tendue, une bouée de sauvetage au milieu d'une mer déchaînée.

Répondre aux questions sur la mort : la mort peut être une notion abstraite pour un enfant, une ombre effrayante qui suscite de nombreuses questions. À travers ces questions, l'enfant cherche à comprendre l'incompréhensible, à donner un sens à l'insensé. Soyez prêt à répondre de manière honnête, claire et adaptée à son âge, tout en évitant les métaphores confusantes ou effrayantes.

Soutenir l'enfant dans le processus de deuil : le deuil est un paysage changeant, avec ses hauts et ses bas, ses avancées et ses reculs. Il est essentiel d'aider l'enfant à comprendre que le deuil n'est pas une ligne droite, mais plutôt une spirale. Il y aura des jours meilleurs et des jours plus sombres, et c'est tout à fait normal. Proposez des ressources, comme des livres qui traitent du deuil d'une manière adaptée à son âge, recommandez des groupes de soutien où il peut rencontrer d'autres enfants ayant vécu des expériences similaires, ou aidez-le à trouver un thérapeute spécialisé dans le deuil chez les enfants.

Maintenir une routine : en ces temps de chaos, une routine stable peut offrir un sentiment de normalité et de sécurité. Encouragez l'enfant à continuer à participer à ses activités quotidiennes, comme aller à l'école, jouer avec des amis ou pratiquer ses activités extrascolaires. Une routine peut également aider l'enfant à ressentir un certain contrôle dans une période où tout semble hors de contrôle.

Cultiver une relation positive avec les parents défunts : le lien entre un enfant et ses parents ne se rompt pas avec la mort. Encouragez l'enfant à maintenir une relation affective avec ses parents. Il peut s'agir de parler d'eux, d'écrire des lettres à leur intention, de dessiner des images pour eux, ou de conserver des objets qui rappellent leur présence. Ces activités peuvent aider l'enfant à se sentir toujours connecté à ses parents et à intégrer leur souvenir dans sa vie quotidienne.

Être disponible pour l'enfant : Le soutien ne signifie pas seulement être présent pendant les moments de crise, mais aussi être là pour les moments ordinaires. Partagez des moments de qualité avec l'enfant, proposez des activités réconfortantes, discutez de ses émotions et de ses pensées. Votre présence constante sera un rappel que l'enfant n'est pas seul, qu'il y a quelqu'un sur qui il peut compter.

Favoriser des relations positives : encouragez l'enfant à tisser et à maintenir des liens positifs avec d'autres personnes dans sa vie, comme des amis, des membres de la famille ou des mentors. Ces relations peuvent offrir un soutien supplémentaire, et peuvent être particulièrement utiles lorsque l'enfant a du mal à s'ouvrir ou à partager ses sentiments avec vous.

Sensibilisation aux signes de détresse : Le deuil peut parfois engendrer des signes de détresse plus profonde. Surveillez les changements de comportement, les problèmes de sommeil ou d'appétit, les baisses de rendement scolaire, ou toute pensée suicidaire. Si ces signes sont présents, n'hésitez pas à consulter un professionnel de la santé tant physique que mentale.

Expliquer la mort à un enfant

La mort, cette ultime frontière de la vie, demeure une réalité incontournable qui s'inscrit dans le cours naturel de notre existence. Cependant, pour l'innocence d'un enfant, elle se dresse comme une énigme déconcertante, parfois même terrifiante. Comment, dès lors, aborder cette réalité avec un esprit pur, sans perturber l'équilibre fragile de son âme ? Enveloppons-nous de sagesse et de sensibilité, et partons à la découverte de cette manière de guider nos petits explorateurs à travers le mystérieux territoire de la mort, en tenant compte de leur âge et de leur niveau de compréhension.

Chaque enfant est un voyageur unique, avec son propre bagage émotionnel et intellectuel. La manière d'expliquer la mort à un enfant doit être aussi douce qu'une caresse de l'aube, aussi délicate qu'une plume qui effleure la peau. Pour le tout-petit, l'explication se pare de simplicité, de douceur, et de réconfort. On peut évoquer la mort comme un long sommeil, où l'on ne ressent ni douleur ni peur. Cette métaphore apaise les inquiétudes du jeune esprit, lui permettant de saisir l'idée sans heurt.

À mesure que l'enfant grandit, sa compréhension de la mort évolue. Il devient plus curieux, plus conscient de la réalité du monde. C'est alors le moment d'aborder la notion de manière plus détaillée, en soulignant la nature inéluctable de la mort, tout en la présentant comme une part inextricable du cycle de la vie. On peut évoquer la mémoire des êtres chers décédés, les histoires et les souvenirs qui perdurent, transformant ainsi la mort en un héritage précieux.

L'adolescence, ce passage fragile entre l'enfance et l'âge adulte, réclame une approche empreinte de profondeur. L'adolescent est en quête de réponses plus nuancées, de sens à attribuer à cette réalité incontournable. L'exploration philosophique devient possible, en évoquant des notions telles que la finitude, l'âme, ou encore la spiritualité. L'adolescent, à travers ces discussions, peut trouver des réponses qui résonnent avec sa propre quête de sens.

La manière d'expliquer la mort à un enfant est une danse subtile entre la tendresse et la vérité, entre la simplicité et la profondeur, entre la protection et la préparation. C'est un voyage qui nous rappelle la fragilité de l'âme de l'enfant, la puissance des mots bien choisis, et la capacité de l'amour et de la compréhension à illuminer même les coins les plus sombres de la vie. C'est une leçon d'humanité qui nous enseigne que, même au cœur de la nuit, une étoile de vérité et de tendresse peut guider nos petits voyageurs vers l'aube d'une compréhension apaisée.

Les tout-petits (jusqu'à environ 4 ans) : Pour ces âmes jeunes et sensibles, le concept de la mort demeure un horizon lointain, une énigme mystérieuse. Il est de notre devoir de leur offrir une explication empreinte de simplicité, sans toutefois voiler la vérité. Ainsi, nous pouvons leur dire que lorsque quelqu'un décède, il cesse de respirer, de parler, de se mouvoir, qu'il ne sera plus présent physiquement comme avant. Mais, dans cette conversation délicate, il est tout aussi essentiel de leur offrir la douce promesse que l'être cher peut continuer à vivre dans leurs cœurs, dans leurs souvenirs, et dans les histoires qu'ils partagent.

Imaginez un instant l'esprit curieux et émerveillé d'un enfant, ce jardin fertile où les graines de la connaissance germent avec une pureté inégalée. La mort, pour lui, est une énigme complexe, un mystère qu'il cherche à déchiffrer. Dans cet espace de compréhension en devenir, la simplicité des mots est la clé. Nous pouvons dire à l'enfant que lorsque quelqu'un s'éteint, son corps cesse de fonctionner, comme une machine qui s'arrête. Il ne respire plus, il ne parle plus, il ne bouge plus. Une douce métaphore qui éclaire sans brusquer, qui apporte une lueur de compréhension sans plonger l'enfant dans les abysses de la terreur.

Cependant, la tristesse peut envahir le cœur de l'enfant, la peur peut s'emparer de son esprit. C'est à ce moment que nous, en tant qu'adultes, avons le devoir de tendre une main réconfortante. Nous devons lui assurer qu'il n'est pas seul dans son chagrin, qu'il peut exprimer ses émotions en toute liberté, que la mort fait partie du cycle naturel de la vie. Il peut garder vivant le souvenir de la personne disparue en partageant des histoires, en se remémorant les moments précieux passés ensemble. C'est dans ces souvenirs, dans ces histoires partagées, que l'être cher demeure vivant, une étoile brillante dans le firmament de leur mémoire.

Ainsi, dans cette délicate danse entre la simplicité et la douceur, entre la réalité et la compassion, nous guidons ces jeunes esprits à travers les méandres du concept de la mort. C'est un voyage d'apprentissage, de découvertes émotionnelles, qui les prépare à affronter la réalité de la vie avec une compréhension profonde et une sensibilité qui les rendra plus forts. C'est une leçon d'amour, de résilience, et d'acceptation qui les accompagnera tout au long de leur existence. Et dans le doux murmure de ces enseignements, la poésie de la vie continue de s'épanouir, comme une fleur délicate qui trouve sa beauté même au milieu de l'obscurité.

Les enfants d'âge préscolaire (5-7 ans) : Les enfants d'âge préscolaire, ces petites éponges avides de connaissance, naviguent sur les eaux mouvantes de la compréhension de la mort. À cet âge tendre, ils commencent à entrevoir la nature inéluctable de la mort, bien que l'idée de sa permanence puisse encore flotter dans les limbes de leur esprit en développement. Il est de notre devoir, en tant que guides bienveillants, d'offrir une explication qui résonne avec leur jeune curiosité, tout en préservant leur innocence.

Imaginez un enfant de cinq à sept ans, avec ses yeux pétillants et ses questions sans fin. Il se tourne vers le monde, émerveillé et désireux de comprendre. La mort, pour lui, est une énigme complexe, une notion qui requiert des éclaircissements. Pour ce faire, nous pouvons utiliser des analogies simples, des métaphores puisées dans la nature elle-même, comme le cycle des saisons ou la métamorphose d'un papillon.

Lorsque nous évoquons le cycle des saisons, nous pouvons expliquer à l'enfant que la vie est comme une grande histoire qui se déroule année après année. Le printemps apporte la naissance, l'été l'épanouissement, l'automne la maturité, et l'hiver, la fin naturelle. Tout comme les feuilles des arbres tombent en automne pour laisser place à de nouvelles pousses au printemps suivant, les êtres vivants traversent des étapes de vie, puis se reposent en paix, tout en laissant la place à de nouvelles vies qui naissent.

La métamorphose d'un papillon peut également être une analogie précieuse. Nous pouvons expliquer à l'enfant que tout être vivant, comme le papillon, subit une transformation. Le papillon commence sa vie sous la forme d'une chenille, puis se métamorphose en un magnifique papillon. De la même manière, lorsque quelqu'un décède, son corps se transforme, et son esprit s'envole comme un papillon vers un endroit spécial, où il peut trouver la paix et le repos.

Néanmoins, à cet âge, les questions sont monnaie courante, et nous devons les accueillir avec une oreille attentive et une patience infinie. La curiosité de l'enfant est un signe qu'il essaie de comprendre le monde qui l'entoure, et c'est notre devoir de l'encourager dans cette quête. Nous pouvons répondre à ses interrogations avec des mots simples et sincères, en évitant tout langage complexe ou effrayant qui pourrait susciter des inquiétudes.

La clé réside dans l'écoute, la patience, et l'amour. Nous devons créer un espace où l'enfant se sent en sécurité pour poser ses questions, exprimer ses émotions, et explorer la complexité de la vie et de la mort à son propre rythme. C'est dans cette approche douce et compatissante que nous offrons à l'enfant une fondation solide pour sa compréhension du monde, tout en préservant la douce mélodie de son innocence. C'est un voyage d'apprentissage, de découvertes et de réconfort, où chaque question devient une étoile dans le ciel de sa compréhension, illuminant le chemin vers la sagesse et la sérénité.

Les enfants d'âge scolaire (8-12 ans) : Les enfants d'âge scolaire, ces jeunes esprits en pleine expansion, sont dotés d'une maturité croissante qui leur permet d'appréhender des concepts plus détaillés, y compris celui de la mort. C'est à cet âge que l'exploration de cette réalité devient plus complexe, mais aussi plus riche en compréhension. En tant que guides, nous sommes chargés de leur offrir des explications qui allient clarté et sensibilité, tout en créant un espace où leurs émotions peuvent s'épanouir.

Imaginez un enfant de huit à douze ans, un petit chercheur assoiffé de connaissances, prêt à explorer les profondeurs du monde qui l'entoure. La mort, pour lui, est une énigme qui exige une réponse plus élaborée. C'est le moment de parler de la mort comme faisant partie intégrante du cycle de la vie, une idée qui transcende la simple existence physique. Nous pouvons expliquer que tout être vivant naît, grandit, vit sa vie, puis finit par décéder. La mort est une étape naturelle de ce voyage, une transition vers un état de paix et de repos.

En abordant la question des causes de décès, nous éveillons leur compréhension du monde. Nous pouvons expliquer que la mort peut survenir pour diverses raisons, telles que des maladies ou des accidents. Cela les aide à comprendre que la vie est précieuse, mais aussi fragile, et que la mort peut surgir de manière imprévisible. Toutefois, il est essentiel de ne pas susciter la peur, mais plutôt de souligner l'importance de la prudence et de la santé pour préserver cette vie précieuse.

En parallèle de cette exploration intellectuelle, il est primordial d'encourager ces enfants à exprimer leurs sentiments et leurs peurs. À cet âge, ils commencent à ressentir l'impact émotionnel de la mort, la tristesse, la peur, la confusion. Nous devons créer un espace sûr où ils peuvent partager leurs émotions en toute confiance, où ils peuvent poser des questions sans tabou, où leurs sentiments sont respectés et validés.

La création de cet espace émotionnel est une étape cruciale vers l'acceptation. La mort, pour un enfant de cet âge, est souvent accompagnée d'une vague de questions existentielles, de préoccupations sur la finitude de la vie. Ils ont besoin de savoir que leurs émotions sont normales, que la tristesse est un hommage à la valeur de la vie, que la peur peut être apaisée par la compréhension et le soutien.

Nous guidons ces jeunes esprits vers la sagesse et la sérénité, tout en préservant leur sensibilité et leur curiosité. Nous les aidons à naviguer dans les eaux tumultueuses de la compréhension de la mort, en leur offrant des réponses réfléchies, des encouragements à explorer, et un espace pour exprimer leurs émotions. C'est un voyage d'apprentissage et de croissance, où chaque pas les rapproche un peu plus de la compréhension de la complexité de la vie et de la mort. C'est une leçon d'amour, de courage, et de résilience, qui les prépare à affronter la réalité de la vie avec compassion et compréhension, tout en préservant la beauté de leur âme d'enfant.

Les adolescents (13 ans et plus) : À l'orée de l'adolescence, ces années cruciales où les horizons de la compréhension s'élargissent, la mort revêt une signification plus profonde. C'est le moment où les jeunes âmes commencent à plonger dans les abysses de l'existence, à sonder les mystères de la vie et de la finitude. Pour nous, guides bienveillants, il est impératif d'engager des conversations plus détaillées et plus honnêtes sur la mort, tout en offrant un soutien inestimable pour les aider à traverser les tourbillons du deuil.

Imaginez un adolescent de treize ans ou plus, avec ses rêves en gestation et ses questions existentielles qui se dessinent comme des constellations dans son esprit. À cet âge, la mort n'est plus une simple abstraction, mais une réalité qui prend forme. Les questions qu'ils posent sont souvent plus profondes, plus nuancées. Ils peuvent se demander pourquoi la mort survient, quel est le sens de la vie, et comment ils doivent faire face à la perte.

Il est essentiel de les encourager à partager leurs pensées, à exprimer leurs préoccupations sans réserve. L'adolescence est une période de transition où l'identité se forge, où les croyances et les valeurs se construisent. En les soutenant dans ce processus, nous les aidons à comprendre et à intégrer la réalité de la mort dans leur propre philosophie de vie.

Le deuil, à cet âge, peut être intense et complexe. Les adolescents peuvent ressentir une multitude d'émotions, de la colère à la tristesse en passant par la confusion. C'est à nous, adultes, d'être des phares de stabilité dans la tempête de leurs émotions. Nous devons être prêts à les guider à travers les étapes du deuil, à leur offrir une épaule sur laquelle s'appuyer, une oreille attentive pour écouter leurs tourments.

De plus, il est essentiel de les préparer à affronter la mort de personnes proches dans le futur. La vie est un voyage parsemé de départs, de rencontres et de séparations. En les armant de compréhension et de compassion, nous leur offrons des outils pour faire face à l'inévitable, pour surmonter les pertes avec résilience.

Chaque adolescent est un individu unique, avec son propre rythme d'apprentissage et de deuil. Certains peuvent poser des questions profondes immédiatement, tandis que d'autres peuvent garder leurs inquiétudes pour plus tard. Nous devons être présents pour eux, disponibles à tout moment, prêts à répondre à leurs interrogations, à leur offrir notre amour et notre soutien constants.

Dans l'obscurité de la mort, nous avons l'opportunité de leur enseigner des leçons précieuses sur l'empathie, sur l'amour qui transcende la mort, sur la résilience face à l'adversité. C'est dans ces moments de vulnérabilité que les graines de la sagesse, de la compassion, et de la compréhension sont semées, prêtes à fleurir dans leur âme tout au long de leur vie. C'est une leçon d'humanité qui transcende le temps, une offrande de lumière dans le mystère de la mort, une étreinte d'amour qui persiste même au-delà de la vie.

Expliquer Dieu à un enfant

Il existe d'innombrables chemins qui mènent à la majestueuse montagne sacrée, mais au sommet, réside toujours la même grandeur. Dans cette métaphore, la montagne incarne Dieu, et les sentiers représentent les multiples façons dont nous tentons d'expliquer et de comprendre le divin. Pour un enfant, cette montagne peut sembler inatteignable, son panorama empreint de mystère et parfois d'effroi. Alors, comment pouvons-nous, avec sagesse et sensibilité, lui expliquer ce qui demeure parfois énigmatique même pour les adultes ?

Imaginez un enfant curieux, les yeux brillants de fascination, la soif de comprendre le monde qui l'entoure. Pour lui, Dieu est une notion abstraite, un concept qui échappe souvent à la compréhension. Il regarde cette montagne imposante et se demande comment gravir ses pentes escarpées.

Dans ce voyage d'explication, nous pouvons emprunter la voie de la simplicité. Nous pouvons dire à l'enfant que Dieu est comme le soleil qui brille dans le ciel, invisible mais toujours présent. Il est comme le vent qui caresse doucement la peau, ressenti mais non vu. Il est comme l'amour que nous ressentons dans notre cœur, un sentiment profond qui nous guide et nous réconforte.

La métaphore de la montagne sacrée peut également servir à éclairer le chemin. Nous pouvons expliquer à l'enfant que Dieu est cette montagne majestueuse qui veille sur notre monde, qui offre refuge et sagesse à ceux qui gravissent ses hauteurs. Chacun peut choisir son propre chemin pour atteindre le sommet, que ce soit par la prière, la méditation, ou l'accomplissement de bonnes actions. Le sommet de la montagne, c'est le lieu où l'âme trouve la paix et la communion avec le divin.

Cependant, nous devons aussi reconnaître que la compréhension de Dieu est une quête personnelle, et que chaque individu peut avoir sa propre vision du divin. Certains le voient comme un père aimant, d'autres comme une force universelle, et d'autres encore comme une présence intérieure. Il n'y a pas de réponse unique, mais une multitude de sentiers qui convergent vers le sommet.

En tant qu'adultes, nous sommes là pour guider l'enfant dans son voyage spirituel, pour répondre à ses questions avec patience et compréhension. Nous devons créer un espace où il se sent en sécurité pour explorer sa propre relation avec le divin, où ses doutes sont respectés, où sa foi est cultivée avec amour.

À travers cette explication, nous avons l'opportunité d'enseigner à l'enfant des leçons précieuses sur la foi, la tolérance, et la quête de sens. Nous lui montrons que la montagne sacrée est vaste et infinie, que chacun peut y trouver sa propre vérité. Dans cette aventure, nous partageons notre propre sagesse, tout en permettant à l'enfant d'explorer les sentiers de la spiritualité avec curiosité et respect. C'est un voyage d'émerveillement, de découverte, et de connexion avec l'invisible, une aventure spirituelle qui perdurera tout au long de sa vie. C'est une leçon d'amour, de foi, et de compréhension qui transcende le temps, une étreinte chaleureuse dans le mystère de la foi, une ode à la beauté de la quête spirituelle.

Utiliser un langage simple et adapté à l'âge de l'enfant : Le concept de Dieu, vaste et mystérieux, demeure souvent insaisissable, même pour les âmes les plus éclairées. Lorsque nous abordons ce sujet avec des enfants, nous sommes confrontés à la nécessité de traduire cette complexité en mots simples et accessibles. Nous devons tisser des métaphores qui éclairent leur esprit, qui nourrissent leur curiosité.

Imaginez un enfant, les yeux pétillants d'innocence, le cœur ouvert à la magie du monde qui l'entoure. Pour lui, Dieu est un concept abstrait, une énigme qui invite à la réflexion. Il observe la beauté de la nature, la bonté des êtres humains, et se demande d'où proviennent toutes ces merveilles.

Dans cette quête d'explication, nous pouvons utiliser la métaphore de l'amour. Nous pouvons dire à l'enfant que Dieu est comme l'amour, omniprésent, infini, et inconditionnel. Tout comme l'amour se manifeste dans les gestes de tendresse d'une mère envers son enfant, dans le sourire chaleureux d'un ami, Dieu se révèle à travers la bienveillance et la compassion que nous éprouvons les uns envers les autres. C'est une présence douce et réconfortante qui imprègne notre monde, qui réside dans chaque acte de gentillesse et chaque parole d'encouragement.

Une autre métaphore puissante est celle du vent. Nous pouvons expliquer à l'enfant que Dieu est comme le vent, invisible à l'œil nu, mais ressenti dans chaque brise qui caresse notre peau, dans chaque souffle qui anime notre être. Le vent est une force mystérieuse qui nous entoure en permanence, qui façonne le monde naturel. De la même manière, Dieu est une présence constante, une énergie bienveillante qui guide nos vies, qui insuffle la vie dans la nature, qui nous rappelle l'interconnexion de toute chose.

Ces métaphores simples agissent comme des lanternes dans l'obscurité, éclairant le chemin vers la compréhension. Elles offrent à l'enfant un moyen d'appréhender l'incompréhensible, de ressentir la proximité du divin dans les moments simples de la vie. Elles lui permettent d'explorer la spiritualité avec curiosité et ouverture d'esprit, tout en préservant l'essence de son innocence.

Cependant, il est essentiel de rappeler que la compréhension de Dieu est une quête personnelle, une exploration qui peut évoluer au fil du temps. Chacun peut avoir sa propre vision du divin, ses propres métaphores qui résonnent avec son cœur. Il n'y a pas de réponse unique, mais une multitude de chemins qui convergent vers la même vérité.

En tant qu'adultes, nous sommes là pour guider l'enfant dans son voyage spirituel, pour répondre à ses questions avec patience et empathie, pour cultiver sa foi avec amour. Nous créons un espace où il peut explorer sa propre relation avec le divin, où il peut construire son propre sentier vers la compréhension.

Dans cet apprentissage, nous enseignons à l'enfant des leçons précieuses sur la foi, la tolérance, et la beauté de la quête spirituelle. Nous partageons notre propre sagesse, tout en respectant son individualité et sa curiosité. C'est un voyage d'émerveillement, de découverte, et de connexion avec l'invisible, une aventure spirituelle qui perdura tout au long de sa vie. C'est une leçon d'amour, de foi, et de compréhension qui transcende le temps, une étreinte chaleureuse dans le mystère de la foi, une ode à la beauté de la quête spirituelle.

Dieu, le créateur et le gardien : Dépeindre Dieu est une quête ancienne et complexe, telle une toile où chaque pinceau trace une image différente. Pour beaucoup, Dieu est perçu comme l'architecte suprême, le maître d'œuvre qui a sculpté les contours de notre monde et qui veille silencieusement sur notre existence. Mais au fil des âges et des cultures, les nuances dans la représentation divine se sont multipliées, créant un kaléidoscope de croyances et d'interprétations.

Imaginez un vaste jardin, chaque fleur représentant une facette de Dieu, chaque couleur évoquant une émotion différente. Dans ce jardin, certains voient Dieu comme un père aimant, un être qui enveloppe le monde de tendresse et de générosité. Il est le doux murmure du vent dans les arbres, la caresse de l'océan sur le rivage. Pour d'autres, Dieu est le gardien de la justice, le juge impartial qui observe nos actions avec une rigueur inébranlable. Il est l'incarnation de la vérité, l'ultime arbitre de nos vies.

La diversité des conceptions de Dieu est un reflet de la richesse de l'expérience humaine. Chaque perspective, chaque croyance, est une fenêtre ouverte sur l'âme humaine, une exploration de la relation intime entre l'individu et le divin. C'est une symphonie de voix, chacune apportant sa propre mélodie à l'ensemble.

Dans cette mosaïque de croyances, il est crucial de souligner l'importance du respect. Chaque vision de Dieu, aussi différente soit-elle, est une expression de la quête de sens de l'humanité. Il n'y a pas de réponse universelle, pas de visage unique pour Dieu. Au contraire, il y a une multitude de chemins qui nous mènent vers la vérité.

Nous sommes les jardiniers de cette diversité spirituelle, responsables de cultiver la tolérance et la compréhension. Nous devons tendre la main avec respect et curiosité envers ceux qui voient Dieu sous un autre angle, ceux qui contemplent le divin à travers un prisme différent. C'est dans la diversité que réside la richesse de notre expérience spirituelle, et c'est dans le respect mutuel que nous cultivons l'harmonie au sein de notre communauté mondiale.

Ainsi, que l'on perçoive Dieu comme un océan infini d'amour ou comme un phare de justice éclatant dans la nuit, chaque vision a sa place dans la grande fresque de l'humanité. Chacune contribue à notre compréhension collective du divin, chacune offre un éclairage unique sur le chemin de la foi. C'est dans cette coexistence pacifique des croyances que nous trouvons la sagesse de l'unité, l'acceptation de la diversité, et la célébration de notre quête commune de sens. C'est un voyage qui transcende le temps, une danse de croyances qui enrichit nos âmes, une symphonie de perspectives qui chante l'histoire de notre humanité.

Les multiples visages de Dieu : Comme il existe une multitude de sentiers menant à la majestueuse montagne sacrée, il y a une diversité infinie dans la conception de Dieu. Chacun de nous trace son propre chemin vers la compréhension du divin, se laissant guider par des étoiles intérieures qui éclairent notre voyage spirituel. Pour certains, Dieu se révèle dans les rameaux des arbres, le chant des oiseaux, la brise douce qui caresse notre visage. Pour d'autres, le visage divin se dessine dans les yeux aimants d'un parent, la main tendue d'un étranger en détresse, l'éclat d'une étoile solitaire dans le ciel nocturne. Et pour certains encore, Dieu est trouvé dans les profondeurs silencieuses de la méditation, dans la communion intime de l'âme avec le sacré.

Imaginez un vaste tableau, une fresque cosmique où chaque couleur, chaque nuance, chaque forme, est une représentation unique de la divinité. Chaque perspective, chaque vision, est une pièce essentielle du puzzle spirituel de l'humanité. Nous sommes les artistes de cette œuvre en constante évolution, ajoutant nos propres couleurs et formes à la toile collective de la foi.

Dans ce patchwork de croyances, il est essentiel d'inculquer aux enfants le respect des diversités spirituelles. Chaque vision de Dieu est une expression authentique de la quête de sens de l'âme humaine, une étincelle de lumière dans le labyrinthe de la foi. Il n'y a pas de réponse unique, pas de chemin unique pour atteindre le divin. Au contraire, il y a une infinité de voies, une myriade de découvertes à chaque coin de rue.

Nous sommes les gardiens de cette diversité spirituelle, responsables de cultiver la tolérance et l'acceptation. Nous devons enseigner aux enfants que la diversité des croyances est une richesse qui nous enrichit tous, une mosaïque de perspectives qui célèbre la complexité de l'âme humaine. La compréhension et le respect des croyances des autres sont les pierres angulaires de la paix et de l'harmonie dans notre monde.

Ainsi, que l'on voie Dieu dans le chant des oiseaux au lever du jour, dans le sourire d'un inconnu dans la rue, ou dans le silence méditatif de l'âme, chaque vision mérite d'être honorée. Chaque chemin spirituel est une expression de l'amour, de la quête de sens, de la recherche de la vérité. C'est un voyage qui transcende le temps, une danse de croyances qui enrichit nos âmes, une symphonie de perspectives qui chante l'histoire de notre humanité.

Encourager la curiosité et l'indépendance de pensée : Dans le doux écrin de l'enfance, les questions s'épanouissent comme des bourgeons de curiosité, cherchant à éclore et à découvrir le monde qui les entoure. Lorsque nous évoquons le voyage spirituel de l'enfant, nous sommes témoins de cette quête profonde de sens, de cette soif inextinguible de compréhension.

Imaginez un enfant, les yeux écarquillés de fascination, le cœur léger comme une plume, se lançant dans l'aventure de la découverte spirituelle. Il regarde le monde avec un regard pur, sans préjugés ni limites, et il se demande : "Qui sommes-nous ? D'où venons-nous ? Où allons-nous ?"

C'est dans ces moments de questionnement que l'enfant se tourne vers nous, les adultes, à la recherche de réponses. Et nous, en tant que guides bienveillants, avons la responsabilité sacrée de l'encourager à poser des questions, à explorer, à chercher sa propre vérité.

Le voyage spirituel est comme une carte au trésor qui n'a pas de lignes directrices prédéfinies. Chaque enfant est un explorateur unique, traçant son propre sentier à travers la forêt dense de la foi. Notre rôle est de lui fournir les outils nécessaires, les boussoles de la curiosité, les lanternes de la connaissance, pour qu'il puisse se frayer un chemin dans ce monde mystérieux.

Nous ne devons jamais imposer nos croyances à l'enfant, comme un fardeau à porter. Au contraire, nous devons lui offrir la liberté de choisir sa propre voie, de façonner sa propre compréhension du divin. C'est une danse délicate entre l'enseignement et l'autonomie, entre la guidance et la découverte personnelle.

Dans cette aventure, chaque enfant découvrira sa propre vérité, sa propre connexion spirituelle. Certains peuvent trouver la paix dans la prière, d'autres dans la méditation, d'autres encore dans la contemplation silencieuse de la nature. Chacun de ces chemins est un reflet unique de l'âme de l'enfant, une étoile dans le firmament de la spiritualité.

Nous sommes les jardiniers de cette quête spirituelle, responsables de cultiver l'amour, la tolérance et le respect. Nous créons un espace où l'enfant peut explorer sa propre relation avec le divin, où il peut se forger son propre lien sacré avec le mystère de la vie.

Ainsi, nous offrons à l'enfant le plus précieux des trésors : la liberté de la découverte, la clé de sa propre spiritualité. Nous lui apprenons la valeur de la quête personnelle, la beauté de la diversité spirituelle, la force de la foi authentique.

Le voyage spirituel de l'enfant est un voyage sans fin, une aventure qui évolue et grandit avec lui. Et nous, en tant que guides, nous sommes là pour l'accompagner avec amour et respect, pour l'encourager à suivre son propre chemin, à explorer les profondeurs de son âme, à embrasser le mystère du divin. C'est un voyage qui transcende le temps, une danse de découverte qui enflamme l'âme, une symphonie de spiritualité qui chante la mélodie de la vie.

Dieu, un mystère au-delà de l'entendement : La notion de Dieu est un océan infini de mystères, une énigme qui défie notre compréhension humaine limitée. Elle est un voyage éternel, un voyage vers l'inconnu, un voyage dont la destination ultime reste enveloppée de voiles de mystère. Dans cette quête, il est vital de rappeler à l'enfant que l'incompréhensible est une part intégrante de notre exploration spirituelle.

Imaginez un enfant, les yeux pétillants de curiosité, se lançant dans le tumulte de la compréhension divine. Il cherche à comprendre, à saisir le concept de Dieu, mais il se heurte à des questions sans fin, à des réponses évasives, à des perspectives multiples. C'est comme si l'univers lui dévoilait un secret bien gardé, une énigme complexe qui se dérobe à son toucher.

Dans cette aventure spirituelle, nous, les guides bienveillants, jouons un rôle crucial. Notre tâche n'est pas d'imposer des doctrines rigides à l'enfant, mais de l'accompagner sur son propre chemin spirituel. Nous devons lui offrir le don précieux de l'exploration, le pouvoir de douter, la liberté de chercher, et finalement, la chance de trouver sa propre vérité.

Le voyage spirituel de l'enfant est comme une carte au trésor aux chemins sinueux. Chaque pas est une découverte, chaque question est une étoile dans le ciel de sa compréhension. Nous devons être les phares qui éclairent son chemin obscur, les boussoles qui le guident à travers les eaux tumultueuses de la foi.

La patience est notre alliée la plus précieuse dans cette quête. Nous devons répondre aux questions de l'enfant avec douceur, avec amour, même si nous-mêmes, en tant qu'adultes, sommes parfois déroutés par les mêmes questions. C'est un voyage de cœur à cœur, un échange d'âmes, une danse de compréhension mutuelle.

Et surtout, nous devons enseigner à l'enfant la beauté du mystère, la magie de l'inexpliqué, la poésie de l'incompréhensible. Car c'est dans le mystère que réside la véritable splendeur de la foi, c'est dans l'acceptation de l'inconnu que nous trouvons la paix. Le voyage n'est pas seulement une recherche de réponses, mais aussi une célébration de la quête elle-même.

Ainsi, nous guidons l'enfant sur le chemin de la compréhension divine, mais nous le faisons avec humilité, avec respect pour sa propre recherche, avec amour pour son propre voyage. C'est une symphonie de découvertes, une danse d'âmes en quête de sens, une poésie de l'exploration spirituelle.

Et à la fin, lorsque l'enfant découvrira sa propre vérité, lorsque sa compréhension du divin brillera comme une étoile dans le firmament de son âme, il saura que le voyage est la destination, que le mystère est la révélation, que l'amour est le guide ultime dans la quête éternelle de Dieu.

La prise en charge psychologique des enfants endeuillés

La vie, cette mélodie complexe et enchanteresse, nous confronte parfois à sa facette la plus sombre : la mort. Dans cette symphonie, les enfants, ces âmes innocentes et curieuses, ne sont pas épargnés par le douloureux mystère de la perte. Comment pouvons-nous, en tant qu'adultes, les guider à travers cette épreuve insondable et les aider à réparer les ailes brisées de leur âme ?

La compréhension de la mort est un voyage compliqué, une route sinueuse parsemée d'émotions tumultueuses. Chaque enfant est une étoile unique dans ce firmament d'expériences, portant son fardeau de chagrin de manière singulière. Notre devoir est de les accompagner sur ce chemin tortueux, de tendre une main aimante pour les guider à travers les ténèbres.

L'écoute active, voilà un précieux trésor que nous pouvons offrir à ces jeunes cœurs en deuil. C'est l'art de prêter une oreille attentive à leurs paroles, à leurs silences, à leurs soupirs. C'est leur permettre de s'exprimer sans crainte de jugement, de déposer leur douleur à nos pieds comme des pétales tombant d'une fleur triste. Chaque enfant possède sa propre mélodie de douleur, et il est de notre devoir de l'écouter, de valider ses émotions, quelles que soient leurs nuances.

La communication est la clef de voûte de cette relation. Les mots, ces précieux messagers de l'âme, doivent être choisis avec une tendresse infinie. L'honnêteté, telle une étoile brillante dans le ciel obscur du deuil, doit guider notre dialogue. Les concepts complexes doivent être démystifiés, les étapes du deuil expliquées avec douceur. Une communication ouverte, empreinte de vérité, établit un pont de confiance sur lequel l'enfant peut marcher en toute sécurité.

Mais la guérison ne se résume pas aux mots. Elle est une danse émotionnelle, un ballet de l'âme. Offrir aux enfants des outils pour exprimer leur douleur est une étape cruciale sur le chemin de la réparation. Le dessin, la peinture, l'écriture, la musique, toutes ces formes d'expression créative sont comme des ailes pour leur esprit, leur permettant de s'élever au-dessus des abysses du chagrin.

Il existe également des phares dans la nuit de la douleur, des professionnels de la santé mentale qui peuvent apporter leur lumière dans l'obscurité. La thérapie de groupe, la thérapie familiale, la thérapie d'art, la thérapie comportementale, autant de voies qui peuvent éclairer le chemin de l'enfant en deuil. Ces guides expérimentés sont comme des étoiles dans le ciel nocturne, offrant leur guidance bienveillante.

Mais n'oublions pas que le bien-être physique est intrinsèquement lié à la guérison mentale et émotionnelle. Un environnement sûr, confortable et stable est le socle sur lequel l'enfant peut se reposer. Les besoins fondamentaux tels que le sommeil, l'alimentation et l'exercice doivent être respectés, car ils ont une incidence directe sur la manière dont l'enfant gère son deuil. En prenant soin de leur corps, nous prenons également soin de leur esprit.

Chaque enfant est une île, une terre avec sa propre topographie émotionnelle, ses propres réactions, ses propres besoins. L'accompagnement doit être individualisé, adapté à chaque individu. Parfois, il est nécessaire de faire appel à un professionnel de la santé mentale, un expert qui peut apporter des conseils précieux pour soutenir l'enfant dans son voyage de guérison.

La mort est un rite de passage universel, une épreuve que nous devons tous traverser un jour. Cependant, elle est vécue de manière unique par chacun d'entre nous. Accompagner un enfant dans son deuil est un acte d'amour profond, une offrande qui peut aider à transformer la douleur en guérison, la tristesse en une compréhension plus profonde de la richesse et de la fragilité de la vie.

Et à la fin de ce voyage à travers les ténèbres, lorsque l'enfant émerge, il sait que la vie continue, que les souvenirs sont des étoiles qui brillent éternellement dans le ciel de la mémoire, et que l'amour, ce phare puissant, guide nos cœurs à travers même les nuits les plus sombres.

Écoute active : L'écoute active, ce précieux joyau de la compassion humaine, se révèle comme une clé essentielle dans le soutien aux enfants en deuil. C'est un acte d'amour silencieux, une présence bienveillante qui offre à l'enfant un havre de sécurité émotionnelle.

Dans cette vaste symphonie de la vie, chaque note de douleur, chaque harmonie de chagrin doit trouver son écho. L'écoute active, c'est tendre l'oreille à ces mélodies de tristesse, c'est ouvrir son cœur pour accueillir les larmes silencieuses et les cris du désespoir. Chaque enfant est une étoile unique dans le firmament des émotions, et il convient de respecter cette singularité.

L'acte d'écouter devient un portail vers l'intérieur de l'enfant, une invitation à explorer le paysage complexe de ses émotions. Il est un témoin silencieux de la douleur, prêt à offrir le confort de sa présence sans jugement. C'est dans ces moments d'intimité émotionnelle que l'enfant peut trouver une voie vers l'apaisement de son chagrin.

L'écoute active, c'est aussi la reconnaissance de la validité de chaque émotion. Que ces sentiments soient empreints de colère, de tristesse, de confusion ou de peur, ils sont les étoiles qui guident l'enfant à travers la nuit noire du deuil. Les émotions sont les couleurs de son tableau intérieur, et elles doivent être acceptées sans condition.

Chaque enfant est un poète de la douleur, un compositeur de mélodies tristes. L'écoute active lui offre une scène où il peut jouer ses morceaux les plus sombres, où il peut exposer son âme nue sans crainte de jugement. C'est dans cette intimité partagée que l'enfant peut commencer à donner un sens à sa douleur, à tisser les fils brisés de son cœur en un motif de guérison.

L'écoute active transcende les mots, elle est une danse silencieuse de l'âme. Elle communique l'amour et la compréhension bien au-delà de ce qui peut être exprimé verbalement. Dans le silence compatissant, l'enfant trouve un refuge, un espace où il peut être simplement lui-même, avec toutes ses nuances, ses ombres et ses lumières.

La vie nous apprend que l'écoute active est un acte d'amour profond, une manière de dire à l'enfant en deuil : "Je suis là pour toi. Ta douleur est la mienne, et nous la traverserons ensemble." C'est une offrande silencieuse qui éclaire le chemin obscur du deuil, une épaule sur laquelle l'enfant peut s'appuyer quand les larmes menacent de l'engloutir.

L'écoute active est une mélodie d'amour, une symphonie de compréhension. Elle est le cadeau le plus précieux que l'on puisse offrir à un enfant en deuil, une présence aimante qui l'accompagnera tout au long de son voyage de guérison. Chaque silence partagé, chaque regard compréhensif, chaque geste d'attention sont autant de notes douces dans cette symphonie de l'âme qui nous relie les uns aux autres.

Communication : Dans cette vaste toile de la vie, la communication se dresse comme un pilier solide, un pont vers la compréhension et la guérison pour les enfants endeuillés. L'honnêteté devient la boussole qui les guide à travers les labyrinthes obscurs de leur douleur.

Les mots, ces précieux vaisseaux de la vérité, sont des lumières dans l'obscurité du deuil. Ils doivent être choisis avec soin, adaptés à l'âge de l'enfant, mais empreints de la sincérité la plus profonde. L'enfant endeuillé est en quête de réponses, d'explications pour donner un sens à cette réalité déconcertante qu'est la mort. C'est notre devoir de lui offrir ces réponses avec compassion et clarté.

La communication ouverte devient une bouée de sauvetage, un abri dans la tempête de l'incertitude. L'enfant doit savoir qu'il peut poser des questions, exprimer ses préoccupations, et qu'il recevra des réponses honnêtes. Cette confiance dans la communication est la clé qui ouvre la porte à l'expression des émotions, à la libération du chagrin.

Le processus du deuil est une montagne que l'enfant doit gravir, avec ses sentiers sinueux et ses pics escarpés. La communication devient le guide qui lui montre le chemin, qui lui explique les étapes de son voyage. Lorsqu'un enfant comprend ce qui se passe en lui, il peut mieux naviguer à travers les méandres de sa douleur.

Les concepts complexes de la mort et du deuil doivent être déconstruits avec douceur, comme des énigmes à résoudre. Chaque enfant a sa propre compréhension, sa propre manière de voir le monde, et il est essentiel de respecter ces perceptions individuelles. La vérité doit être délivrée avec une tendresse infinie, pour ne pas effrayer l'enfant, mais pour l'aider à avancer.

La communication devient le fil qui tisse la confiance entre l'enfant et l'adulte. Cette confiance devient la fondation solide sur laquelle l'enfant peut construire sa compréhension du monde et de la mort. Il sait qu'il peut se tourner vers l'adulte en cas de doute, qu'il peut trouver un refuge dans les mots sincères et aimants.

La communication devient également un outil puissant pour l'expression des émotions. Lorsque l'enfant peut mettre des mots sur sa douleur, sur sa colère, sur sa tristesse, il commence à donner forme à ses sentiments. Les mots deviennent un exutoire, un moyen de libération émotionnelle.

La communication ouverte, empreinte de respect et d'honnêteté, devient le lien qui unit l'enfant endeuillé à ceux qui l'entourent. C'est un pont qui relie les cœurs, qui permet à l'enfant de se sentir compris et soutenu dans son voyage de guérison. Les mots deviennent des caresses pour l'âme, des étreintes pour le cœur.

Dans cette symphonie de la vie, la communication devient une mélodie douce, une chanson d'amour qui guide l'enfant à travers les tourbillons du deuil. Chaque mot est une note de compassion, chaque phrase est une déclaration d'amour. À travers cette communication aimante et honnête, l'enfant trouve un refuge dans lequel il peut trouver la paix au milieu de la tempête de sa douleur.

Soutien émotionnel : Au cœur de la quête de guérison des enfants endeuillés se trouve un élément précieux et profond : le soutien émotionnel. Dans ce voyage difficile, l'expression des émotions devient une voie sacrée, une lumière qui dissipe les ténèbres de la douleur.

Lorsque la tristesse et le chagrin assombrissent l'âme de l'enfant, l'expression de ces émotions devient un refuge. Offrir à l'enfant des moyens diversifiés pour extérioriser ses sentiments est une porte ouverte vers la libération de la douleur. C'est là que l'art, la créativité, la musique et l'écriture prennent tout leur sens.

Le dessin devient une palette d'émotions, chaque coup de crayon étant une lueur d'espoir. Les couleurs, les formes, les images qui émergent de l'esprit de l'enfant deviennent une fenêtre vers son monde intérieur. À travers ces dessins, l'enfant peut dire ce qu'il ne peut pas exprimer par des mots.

La peinture devient une danse des émotions, chaque coup de pinceau étant une expression de sa douleur. Les couleurs vives et sombres, les mélanges audacieux et les nuances subtiles deviennent le langage de son chagrin. La toile devient un espace où l'enfant peut laisser libre cours à son cœur meurtri.

L'écriture devient un flot d'émotions, chaque mot étant une note de sa mélodie intérieure. Les phrases, les poèmes, les journaux intimes deviennent le moyen par lequel l'enfant peut mettre en mots sa tristesse, sa colère, sa confusion. Les mots deviennent une symphonie d'émotions.

La musique devient une expression du cœur, chaque note étant une pulsation de sa douleur. Les mélodies, les chansons, les chants deviennent un cri silencieux qui déchire les ténèbres. La musique devient le langage universel de l'âme en deuil.

L'expression créative devient un moyen cathartique, un moyen d'expulser les émotions emprisonnées. C'est un voyage intérieur qui permet à l'enfant de se reconnecter avec lui-même, de retrouver un équilibre émotionnel, de trouver un sens à sa douleur.

Le soutien émotionnel devient une étreinte chaleureuse, une main tendue dans l'obscurité. Il permet à l'enfant de se sentir entendu, compris, aimé. C'est un refuge sûr où il peut pleurer, crier, rire, sans jugement ni honte.

Dans la symphonie de la vie, le soutien émotionnel devient une mélodie douce, une chanson d'amour qui accompagne l'enfant sur son chemin de guérison. C'est un langage universel de compréhension et de compassion. Chaque forme d'expression devient une note de cette mélodie, une brique dans la construction de la guérison de l'enfant.

À travers l'expression de ses émotions, l'enfant commence à guérir. Chaque dessin, chaque peinture, chaque mot, chaque note est une étape vers la compréhension de sa douleur. C'est un voyage intérieur qui lui permet de trouver la paix, la force et l'espoir.

Le soutien émotionnel devient un phare dans la tempête, une étoile qui guide l'enfant vers la lumière. C'est un cadeau précieux que nous pouvons offrir à ceux qui sont en deuil, une main tendue pour les aider à traverser les eaux tumultueuses de la douleur.

Soutien thérapeutique : Au cœur de la quête de guérison des enfants endeuillés se trouve un précieux allié : le soutien thérapeutique. Tel un phare dans la tempête, il offre une lumière d'espoir au milieu des ténèbres du deuil. Pour ces jeunes âmes tourmentées par la perte, il représente une main tendue vers la guérison.

La thérapie de groupe devient un espace de partage, une communauté d'âmes en deuil qui se comprennent mutuellement. Les enfants y trouvent des pairs qui ont vécu des expériences similaires, des émotions partagées, des larmes communes. C'est un refuge où ils peuvent exprimer leur douleur sans craindre d'être jugés.

La thérapie familiale devient une réconciliation des cœurs, une occasion pour la famille de se rassembler et de soutenir l'enfant en deuil. C'est un lieu où les liens familiaux peuvent se renforcer, où la communication peut s'ouvrir, où les membres de la famille peuvent trouver des moyens de faire face ensemble à leur perte.

La thérapie d'art devient une toile d'expression, une toile où l'enfant peut peindre les nuances de sa douleur. Les couleurs, les formes, les images deviennent un langage silencieux qui transcende les mots. C'est un moyen de libérer l'âme du fardeau du chagrin.

La thérapie comportementale devient un guide vers des comportements sains, une boussole pour naviguer à travers les tumultes du deuil. Elle offre des outils pour gérer la douleur, pour identifier et exprimer les émotions, pour construire des mécanismes de coping. C'est un chemin vers la résilience.

Un thérapeute expérimenté devient un mentor de l'âme, un guide compatissant qui marche aux côtés de l'enfant dans son voyage de guérison. Il est là pour écouter, pour comprendre, pour encourager. C'est un phare d'espoir qui éclaire le chemin obscur du deuil.

La prise en charge thérapeutique devient une étape cruciale vers la compréhension et l'acceptation des sentiments. C'est un moyen d'aider l'enfant à donner un sens à sa douleur, à trouver des moyens sains de la gérer, à découvrir la force en lui. C'est un chemin vers la reconstruction de soi.

Le soutien thérapeutique devient un cadeau précieux que nous pouvons offrir à un enfant en deuil. C'est une main tendue vers la guérison, une épaule sur laquelle pleurer, une voix qui dit que la douleur peut être apaisée, que la vie peut reprendre un sens. C'est un acte d'amour profond qui accompagne l'enfant sur son chemin de deuil.

Dans la symphonie de la vie, le soutien thérapeutique devient une mélodie douce, une chanson d'amour qui apaise l'âme en deuil. C'est un langage universel de compréhension et de compassion. Chaque séance de thérapie devient une note de cette mélodie, une étape vers la guérison de l'enfant.

À travers la thérapie, l'enfant commence à guérir. Chaque session, chaque exercice, chaque discussion est une étape vers la compréhension de sa douleur. C'est un voyage intérieur qui lui permet de trouver la paix, la résilience et l'espoir.

Le soutien thérapeutique devient un refuge dans la tempête, une étoile qui guide l'enfant vers la lumière. C'est un cadeau précieux que nous pouvons offrir à ceux qui sont en deuil, une main tendue pour les aider à traverser les eaux tumultueuses de la douleur.

Prise en charge des besoins physiques : La douleur de la perte, ressentie par un enfant en deuil, est une montagne à escalader, une épreuve qui teste la résilience de l'âme. Pourtant, au-delà de la douleur, il existe un chemin vers la guérison, un chemin qui prend en compte les besoins physiques de l'enfant.

Le bien-être physique est un pilier essentiel de la guérison. Imaginez un enfant comme un fragile bourgeon de printemps, vulnérable face à la tempête du deuil. Pour qu'il puisse s'épanouir à nouveau, il faut s'assurer qu'il ait un environnement sûr et stable. La sécurité est une ancre qui le maintient à flot dans les eaux tumultueuses de la douleur.

Le sommeil, tel un baume pour l'âme, permet à l'enfant de recharger ses forces. La nuit, quand les ombres de la douleur peuvent sembler écrasantes, le sommeil devient un refuge. Il apporte la paix, l'apaisement, la possibilité de rêver de jours meilleurs.

L'alimentation, telle une source de vitalité, nourrit l'enfant en deuil. Elle lui donne la force nécessaire pour affronter les défis du deuil, pour guérir son corps et son esprit. L'aliment devient un symbole de vie, une affirmation de la résilience de l'âme.

L'exercice physique, tel un souffle vivifiant, permet à l'enfant de libérer les émotions emprisonnées, de dénouer les tensions du deuil. Il devient un moyen de gérer la douleur, de trouver un équilibre émotionnel, de redécouvrir la joie dans le mouvement.

Chaque enfant est une île, unique dans sa topographie émotionnelle. Les besoins physiques varient d'un enfant à l'autre, et l'accompagnement doit être adapté à chaque individu. Les professionnels de la santé mentale, telles des boussoles dans la tempête, peuvent offrir des conseils précieux pour soutenir l'enfant sur son chemin de guérison.

La mort, ce rite de passage universel, est vécue de manière unique par chacun d'entre nous. Accompagner un enfant dans son deuil est un acte d'amour profond, une main tendue vers la guérison. C'est un voyage qui transforme la douleur en résilience, la peine en une compréhension plus profonde de la fragilité et de la beauté de la vie.

Au cœur de cette histoire, nous trouvons un enfant en deuil, une âme fragile qui cherche la lumière dans l'obscurité. Et dans cette quête, nous découvrons que la guérison n'est pas seulement un voyage de l'esprit et du cœur, mais aussi du corps. Chaque besoin physique comble un vide, apaise une douleur, restaure un fragment de la vitalité perdue.

Alors, souvenons-nous toujours que derrière chaque enfant en deuil se cache un trésor d'espoir. Laissons le sommeil être un refuge, l'alimentation être une source de vie, l'exercice physique être une libération, et la guérison être un chemin vers la compréhension et l'acceptation. Dans ce voyage, l'enfant trouve la force de renaître, de s'épanouir à nouveau, de fleurir comme un bourgeon de printemps après l'hiver de la douleur.

C'est ainsi que nous accompagnons ces jeunes âmes sur leur chemin de guérison, avec amour, compassion et l'assurance que même dans l'obscurité de la douleur, il existe un chemin vers la lumière.

Conduite à tenir face à un enfant ayant perdu son frère jumeau

Dans le dédale complexe de la vie, il existe des épreuves qui défient notre compréhension, des douleurs qui peuvent déchirer l'âme d'un enfant. La perte d'un frère jumeau est l'une de ces épreuves, un chagrin profondément déchirant qui peut laisser un enfant perdu dans l'obscurité de la douleur. Les jumeaux partagent un lien unique et inébranlable, un lien tissé dans le ventre de leur mère, un lien qui transcende le temps et l'espace. Face à cette perte, comment pouvons-nous guider un enfant à travers les ténèbres, à travers le tumulte de l'émotion, vers la lumière de la guérison ? Voici quelques conseils empreints d'amour et de compassion.

Tout d'abord, il est essentiel de créer un espace sûr pour l'enfant, un refuge au sein duquel il peut exprimer librement sa douleur, sa colère, sa tristesse, sans jugement ni attente. La perte d'un frère jumeau est une blessure profonde, un vide déchirant qui doit être honoré et respecté. L'enfant doit savoir qu'il a le droit de pleurer, de crier, de ressentir toute la gamme complexe des émotions qui accompagnent le deuil.

L'écoute active est une boussole essentielle dans ce voyage. Il faut tendre une oreille attentive aux mots et aux silences de l'enfant. Il faut l'entendre lorsqu'il parle de son frère disparu, lorsqu'il partage ses souvenirs, ses peurs, ses questions. L'écoute active permet à l'enfant de se sentir entendu, compris, aimé dans sa douleur.

La communication, empreinte de délicatesse, est un pilier essentiel. L'enfant a besoin de comprendre la réalité de la perte, de poser des questions, d'obtenir des réponses sincères et adaptées à son âge. Il faut lui expliquer avec douceur ce qui est arrivé à son frère jumeau, en utilisant des mots simples et compréhensibles. La vérité, même douloureuse, est un remède plus puissant que le mensonge.

L'accompagnement thérapeutique peut être un phare dans la tempête. Un professionnel de la santé mentale expérimenté peut aider l'enfant à naviguer à travers les vagues tumultueuses de la douleur, à comprendre et à accepter ses émotions, à trouver des moyens sains de gérer sa peine. La thérapie devient une bouée de sauvetage, offrant un espace sûr pour explorer la douleur et la guérison.

La mémoire est un trésor qui doit être préservé. Encouragez l'enfant à parler de son frère jumeau, à partager des souvenirs, à créer des rituels de commémoration. Ces moments de connexion avec le passé peuvent apporter un réconfort profond et aider l'enfant à maintenir le lien avec son frère disparu.

Enfin, rappelez-vous toujours que la guérison est un voyage unique pour chaque enfant. Il n'y a pas de chemin tracé, pas de calendrier imposé. La douleur peut surgir à tout moment, même des années après la perte. Soyez là, avec amour et compassion, pour accompagner l'enfant à travers tous les hauts et les bas de son voyage de deuil.

Dans cette histoire de douleur et de guérison, nous trouvons un enfant, un cœur brisé, mais aussi une lueur d'espoir. Dans la chaleur de l'amour et du soutien, dans l'écoute et la communication, dans les souvenirs et la thérapie, l'enfant trouve la force de traverser la tempête, de naviguer à travers les vagues de la douleur et de découvrir que même dans l'obscurité du deuil, il existe une lumière de guérison. C'est ainsi que nous guidons un enfant à travers la perte de son frère jumeau, avec tendresse, empathie et la certitude que l'amour transcende même la mort.

L'Écoute active : À l'instar d'une rivière, les mots d'un enfant qui parle de sa douleur ont besoin de s'écouler librement. Une écoute active, sans jugement ni interruption, peut être une bouée de sauvetage pour un enfant endeuillé. Offrir à l'enfant un espace où il peut partager sa douleur, tout en validant ses sentiments, peut créer un sentiment de sécurité et de soutien.

La Communication claire : L'honnêteté et la clarté sont essentielles dans le dialogue avec un enfant endeuillé. Lui expliquer ce qui s'est passé avec des mots adaptés à son âge et lui donner des informations sur les prochaines étapes peut aider à apaiser son inquiétude. Cette transparence renforce la confiance et crée un environnement sûr pour que l'enfant exprime ses sentiments.

Le Soutien émotionnel : Aider l'enfant à naviguer à travers les eaux tumultueuses de ses émotions est une partie cruciale du processus de guérison. Cela peut inclure des activités créatives comme le dessin ou la peinture, qui permettent à l'enfant d'exprimer ses sentiments de manière non verbale. Les rencontres de soutien, où l'enfant peut partager son expérience avec d'autres qui vivent des épreuves similaires, peuvent également être bénéfiques.

Le Soutien thérapeutique : En fonction de l'enfant et de ses besoins, une intervention thérapeutique peut être utile. Qu'il s'agisse de thérapie individuelle ou de groupe, la guidance d'un thérapeute expérimenté peut aider l'enfant à naviguer dans la complexité du deuil et à trouver des stratégies pour gérer sa douleur.

La Prise en Charge des Besoins physiques : Le bien-être physique de l'enfant est intrinsèquement lié à son bien-être émotionnel. Il est important de veiller à ce que l'enfant dispose d'un environnement sûr, stable et confortable. De plus, s'assurer que l'enfant a un sommeil adéquat, une nutrition appropriée et des opportunités pour l'exercice peut aider à maintenir l'équilibre dans sa vie pendant cette période difficile.

Il est crucial de se rappeler que chaque enfant est une entité unique et réagit différemment à la perte. Le soutien doit être adapté en fonction de l'âge de l'enfant, de sa relation avec son frère jumeau, et de sa capacité à comprendre et à gérer la perte. En cas de doute, consulter un professionnel de la santé mentale peut être utile pour obtenir des conseils adaptés. Il est également essentiel de continuer à soutenir l'enfant dans ses relations avec les autres membres de la famille et les amis, car le deuil peut avoir un effet d'onde de choc, touchant tout le monde différemment.

Dans cette épreuve, l'offrande la plus précieuse que vous pouvez faire à l'enfant est votre amour inconditionnel et votre présence attentive. Aidons-le à se souvenir de son frère jumeau avec amour et tendresse, tout en lui offrant un espace pour pleurer, pour guérir, et pour grandir.

Études de cas

Dans un lieu oublié, lové entre deux montagnes majestueuses, vivait une famille humble. Au sein de ce foyer, deux âmes-miroirs se reflétaient dans les regards curieux des villageois : des frères jumeaux. Leurs traits si identiques que seuls leur intime famille et quelques amis pouvaient les distinguer. Constamment enlacés dans la spirale de leur compagnie mutuelle, ils étaient unis comme deux gouttes d'eau dans un océan. Pourtant, leur destin prit une tournure tragique.

Un jour, guidé par des raisons que seul lui connaissait, l'un d'eux décida d'escalader un poteau électrique de moyenne tension. Atteignant le sommet, il embrassa le danger en touchant les câbles de plein gré. L'électricité jaillit, le transformant en une étoile filante et éphémère, sous le regard horrifié de son jumeau. La lumière de son âme s'éteignit aussi brutalement qu'elle avait brillé.

Un an plus tard, une triste réplique de cet événement se déroula. Le frère survivant, animé par une compulsion inconnue, escalada le même poteau, au même jour, au même mois, à la même heure. Comme si le destin cherchait à réécrire le script tragique, il rencontra la même fin que son frère.

Cette histoire est une triste mélodie sur le thème du deuil et de la perte. Elle souligne l'étrange mystère de la nature humaine, son attrait pour le danger et l'abyssale tristesse que peut causer la perte d'un être cher. Les questions foisonnent : pourquoi l'un des jumeaux a-t-il choisi d'affronter le danger ? Pourquoi son frère a-t-il suivi le même chemin tragique ?

Dans le domaine de la psychologie, nous nous référons à ce phénomène comme le « deuil réplicatif » ou « deuil suicidaire ». C'est une réaction profondément émotionnelle à la perte, souvent accompagnée d'un désir d'union avec l'âme disparue. Les individus sous l'emprise de ce deuil réplicatif se retrouvent emportés dans une spirale de désespoir et de douleur si intense qu'ils cherchent à rejoindre la personne perdue.

Cependant, il est essentiel de comprendre que de tels comportements sont rares et généralement le résultat d'un mélange complexe de facteurs, tels que des troubles mentaux préexistants ou des traumatismes non résolus. Il n'est en aucun cas une réponse « normale » ou « attendue » au deuil.

La prévention du deuil réplicatif réside dans une prise en charge efficace et adaptée des personnes endeuillées. Il est impératif de soutenir ces âmes en peine pour qu'elles puissent traverser leur deuil de manière positive. Il est important de les aider à développer des stratégies de résilience efficaces pour faire face à la douleur, à la souffrance et à la confusion. Ainsi, ils pourront commencer à guérir, à comprendre et à accepter leur perte, sans se perdre eux-mêmes en chemin.

Au cœur de cette histoire tragique, il y a un appel puissant à la compassion et à la compréhension. Il y a un besoin urgent de soutien pour les personnes endeuillées, particulièrement pour les enfants et les adolescents. Chaque geste d'amour, chaque mot de réconfort, chaque moment de présence peut contribuer à éclairer leur chemin vers la guérison. Ensemble, nous pouvons aider à transformer leur douleur en force, leur tristesse en résilience, et leur deuil en un processus de guérison.

Le deuil réplicatif

Dans l'obscurité de l'âme, il existe un voyage douloureux, un voyage que l'on nomme le deuil réplicatif, ou, d'une manière plus sinistre, le deuil suicidaire. C'est un périple troublant à travers les eaux tumultueuses de la perte, un voyage qui commence souvent après le choc dévastateur de la disparition tragique et inattendue d'un être cher, que ce soit un enfant, un partenaire ou un jumeau. Ces vagues de chagrin intense déferlent sur la conscience des survivants, les poussant à suivre le même chemin que leur proche disparu.

Ce voyage sombre et tourmenté commence souvent par un choc, un événement qui ébranle les fondations de l'existence. La perte d'un être cher, en particulier d'un jumeau, crée une brèche béante dans le tissu de la réalité. Les survivants se retrouvent plongés dans un abîme de douleur, de confusion et de désespoir, luttant pour donner un sens à leur propre existence désormais altérée.

Le deuil réplicatif est un voyage intérieur vers les profondeurs de la douleur et de la solitude. Les survivants se sentent souvent perdus, déconnectés du monde qui les entoure, comme si une partie d'eux-mêmes avait été arrachée. La douleur est si intense qu'elle semble insurmontable, et la tentation de rejoindre leur être cher dans la mort devient irrésistible.

Dans cette obscurité, l'importance du soutien devient vitale. Les survivants du deuil réplicatif ont besoin d'une épaule sur laquelle pleurer, d'une oreille attentive pour écouter leurs pensées les plus sombres, d'une main aimante pour les guider hors des ténèbres. L'empathie, la compassion et l'amour inconditionnel sont les phares qui peuvent éclairer leur chemin tortueux.

La thérapie devient souvent un refuge pour les survivants, un endroit où ils peuvent déposer le fardeau de leur douleur et commencer à explorer les racines de leur désespoir. Un thérapeute expérimenté peut aider à démêler les fils complexes de la douleur et à trouver des moyens de la surmonter. La thérapie peut apporter un éclairage dans l'obscurité, une lueur d'espoir au milieu du désespoir.

Le deuil réplicatif est un voyage difficile, un voyage à travers les ombres de l'âme. Mais il est important de se rappeler que même dans les moments les plus sombres, il existe un espoir de guérison. Avec le soutien, la compréhension et la thérapie, les survivants peuvent trouver leur chemin vers la lumière, peut-être jamais complètement indemnes, mais avec la capacité de vivre et d'aimer à nouveau.

Ce voyage troublant de l'âme, le deuil réplicatif, nous rappelle la fragilité de la vie et la profondeur de l'amour. Il nous rappelle que même lorsque nous sommes confrontés aux ténèbres les plus profondes, la lumière de l'espoir peut briller, et que la guérison est possible, même lorsque le chemin est difficile et tortueux. C'est un voyage qui nous rappelle la force de l'esprit humain et la résilience de l'âme.

Plusieurs facteurs s'entremêlent pour créer cette toile complexe du deuil réplicatif :

1- Des maladies mentales préexistantes, comme la dépression et l'anxiété, peuvent jeter de l'ombre sur la réalité des personnes endeuillées, augmentant leur susceptibilité à des comportements suicidaires.

2- Les traumatismes non résolus, qu'ils soient des souvenirs d'actes de violence ou des pertes passées, peuvent créer une fragilité interne rendant les individus plus vulnérables face à l'idée du suicide.

3- L'absence de soutien social et émotionnel crée un vide, une solitude déchirante qui peut plonger les personnes endeuillées dans un désespoir plus profond après une perte.

4- L'absence de stratégies de gestion de la douleur efficaces peut laisser les individus démunis face à leur souffrance, les incitant à chercher la réunion avec leur être cher perdu.

Il est utile de comprendre que le deuil réplicatif est un phénomène rare. La plupart des individus en deuil, avec le passage du temps et un soutien adéquat, sont capables de trouver un chemin à travers leurs douleurs et de les transformer en une force de résilience. Cependant, pour ceux qui sont plus vulnérables à l'emprise du deuil réplicatif, nous devons être vigilants et prodiguer une assistance adaptée.

Il s'agit de les aider à naviguer à travers leur deuil de manière positive, leur offrir des outils pour apprivoiser leurs douleurs et les guider vers la lumière de l'espoir. En leur offrant un espace sûr pour exprimer leurs sentiments, en les écoutant avec empathie, en leur fournissant des ressources de soutien psychologique, nous pouvons les aider à forger leur propre armure de résilience.

Au-delà des ténèbres du deuil réplicatif, il y a une lumière : la lumière de la compréhension, de la compassion et de l'amour. C'est notre devoir en tant que communauté d'offrir cette lumière à ceux qui sont perdus dans le tunnel du deuil. Avec le bon soutien, ils peuvent trouver leur chemin vers la guérison et retrouver la joie de vivre.

Le deuil réplicatif est un phénomène relativement méconnu, une ombre discrète qui s'est étendue au fur et à mesure que la connaissance humaine l'a exploré. Il se manifeste lorsqu'un être, blessé par une perte significative, reflète consciemment ou inconsciemment les comportements ou les circonstances ayant conduit à cette perte initiale. On le perçoit souvent comme un deuil non résolu, la personne pouvant continuer à chercher, avec un désespoir poignant, à renouer avec l'être ou la situation disparue.

Il y a de nombreuses incarnations du deuil réplicatif, mais elles partagent toutes une sorte de répétition comportementale ou émotionnelle. Il se peut qu'une personne ayant perdu un conjoint aspire à retrouver une relation similaire, ou qu'une personne ayant perdu un enfant soit obsédée par la pensée d'accueillir un autre enfant dans leur vie.

Il est crucial de distinguer le deuil réplicatif de la récupération naturelle du deuil. Il est souvent considéré comme un comportement pathologique et peut engendrer des défis considérables dans l'existence de la personne endeuillée.

Il est essentiel que ceux qui traversent un deuil réplicatif reçoivent le soutien adéquat, qui peut inclure une thérapie individuelle, des groupes de soutien, ou d'autres formes d'aide. Il faut reconnaître que le deuil réplicatif est un voyage complexe qui demande du temps pour être surmonté, et la patience et la compréhension sont des clés indispensables pour aider la personne endeuillée à surmonter cette épreuve.

N'oubliez jamais que vous n'êtes pas seul dans ce voyage. La douleur que vous ressentez est réelle, mais elle n'est pas insurmontable. Avec l'aide de ceux qui vous entourent, et la force que vous trouverez en vous-même, vous pouvez surmonter ce deuil réplicatif et retrouver la joie et la paix. Ne perdez jamais espoir, car même dans les moments les plus sombres, il y a toujours une lumière qui vous attend.

Stratégie d'adaptation

Dans le vaste océan de la vie, la stratégie d'adaptation est comme un précieux radeau, notre compagnon fidèle lorsque nous affrontons les vagues tumultueuses du stress et des défis. Laissez-moi vous guider à travers cette exploration, où l'émotion et la tâche se rencontrent pour former des approches uniques de survie.

D'abord, plongeons dans le royaume des stratégies d'adaptation centrées sur l'émotion. Ces méthodes sont comme les ailes douces de l'ange de la compassion, qui viennent à notre secours lorsque nos émotions menacent de nous submerger. La première de ces ailes est l'expression émotionnelle. Parler de nos sentiments avec d'autres, écrire dans un journal, ou simplement pleurer quand la tristesse nous envahit, ce sont des moyens d'exprimer et de libérer ce qui brûle à l'intérieur.

L'aile suivante est la recherche de soutien social. Lorsque nous sommes submergés par la solitude ou la douleur, chercher le réconfort auprès de nos proches, de nos amis, ou même de professionnels, peut être une bouée de sauvetage précieuse. Ils nous rappellent que nous ne sommes pas seuls dans cette aventure.

Maintenant, changeons de cap vers les stratégies d'adaptation centrées sur la tâche, ces approches sont comme les rames d'un radeau solide, nous aidant à naviguer activement à travers les défis. La première rame est la résolution de problème. Lorsque nous sommes confrontés à une difficulté, analyser la situation, chercher des solutions, et prendre des mesures concrètes peut apporter un sentiment de contrôle et de pouvoir sur notre propre destin.

La rame suivante est la planification. Créer un plan d'action, établir des objectifs réalisables, et organiser notre chemin à travers les épreuves peut nous donner un cap à suivre, une lumière dans l'obscurité.

Cependant, la navigation à travers les eaux tumultueuses de la vie ne se limite pas à une seule de ces catégories. Les êtres humains sont complexes, et nos vies sont souvent tissées d'une variété de situations stressantes. Par conséquent, il est important de savoir quelles stratégies d'adaptation sont les plus appropriées dans chaque contexte.

Un marin chevronné ne se fie pas à une seule technique pour faire face à toutes les tempêtes. Il ajuste sa voile, manie son gouvernail, et choisit les meilleures méthodes en fonction des conditions changeantes. De même, nous devons être prêts à puiser dans notre arsenal de stratégies d'adaptation, à choisir avec sagesse, à ajuster notre cap lorsque nécessaire.

En fin de compte, la stratégie d'adaptation est le fil qui relie notre radeau à la réalité. C'est notre moyen de résister aux assauts du stress et de la pression, de garder la tête haute lorsque les vagues menacent de nous engloutir. C'est un art à maîtriser, une danse entre les émotions et les actions, une symphonie où nous sommes à la fois chefs d'orchestre et musiciens.

Que ce soit en exprimant nos émotions ou en résolvant des problèmes, en recherchant le soutien de nos proches ou en élaborant des plans, nous naviguons ensemble sur le radeau de la vie, nous soutenant mutuellement, partageant nos connaissances et nos expériences pour que chacun puisse atteindre l'autre rive, plus sage et plus fort. Car c'est dans ces eaux tumultueuses que nous trouvons notre vraie force, notre résilience, et notre capacité à affronter tout ce que la vie peut nous réserver.

Au cœur de la tourmente, nous découvrons un arsenal de stratégies d'adaptation, ces précieuses potions pour l'esprit et ces outils pour la résolution de problèmes. Imaginez un monde où vous êtes le gardien de votre propre jardin intérieur, choisissant soigneusement quelles fleurs cultiver, quelles herbes arroser, et quelles mauvaises herbes déraciner.

Les stratégies d'adaptation centrées sur l'émotion sont comme ces potions apaisantes, concoctées pour réduire les émotions négatives qui surgissent en temps de stress. Dans cet univers, vous prenez consciemment la décision de ne pas nourrir le loup de la peur et de l'angoisse, mais de veiller à nourrir le loup de l'amour et de la paix. Vous plongez dans ces potions magiques qui vous apportent réconfort et sérénité, comme un bain chaud qui apaise votre esprit tourmenté ou une méditation qui vous connecte à la quiétude intérieure.

D'un autre côté, les stratégies d'adaptation centrées sur la tâche sont comme des outils tranchants dans votre boîte à outils de résolution de problèmes. Ils sont conçus pour transformer la forêt dense de l'incertitude en un sentier éclairci vers la clarté. Imaginez-vous au cœur de cette forêt, équipé d'une boussole pour vous guider et d'une hache pour éliminer les obstacles qui se dressent sur votre chemin.

Cet arsenal de stratégies d'adaptation est vaste et varié, offrant un buffet de possibilités pour répondre à vos besoins changeants. Vous pouvez choisir parmi des techniques de relaxation, comme ces moments divins dans un bain chaud qui dissipe le stress, ou la méditation qui vous transporte dans un état de calme profond. La pensée positive, tel un rayon de lumière, peut percer les nuages sombres qui obscurcissent votre esprit. L'évitement, une parade astucieuse pour échapper aux situations stressantes. La résolution de problèmes, une boussole qui vous guide dans la forêt dense de l'incertitude. Le soutien social, une épaule amicale pour vous reposer. L'acceptation, une clé qui ouvre la porte de la sérénité. L'humour, une baguette magique qui transforme le stress en sourires.

Au milieu de cette vaste forêt d'options, vous êtes le jardinier, le navigateur, l'artiste de votre propre destin. Vous avez le pouvoir de choisir la stratégie qui vous convient le mieux, en fonction de votre état d'esprit et de votre situation actuelle. Comme un peintre devant une palette de couleurs, vous mélangez et assortissez ces stratégies pour créer votre propre chef-d'œuvre de résilience.

Le jardin secret de la stratégie d'adaptation est un lieu où les émotions s'épanouissent en beauté, où les défis se transforment en opportunités, où la sagesse fleurit à travers l'expérience. C'est un voyage intérieur qui vous révèle votre force intérieure, votre capacité à surmonter l'adversité et à fleurir dans la lumière, même au cœur de la tempête.

Il est impératif de saisir que chaque être humain recourt à des stratégies d'adaptation singulières, façonnées par la situation, la personnalité, la culture et le vécu propre à chacun. Comme les flocons de neige, aucun individu ne fait face au stress de manière identique. Dans cette symphonie de vies uniques, chacun joue sa propre mélodie face à l'adversité.

Chaque individu est un tableau vivant, peignant son propre chemin à travers les paysages du stress et de l'adversité. Votre toile personnelle est tissée de couleurs et de textures uniques, reflétant vos expériences passées, vos aspirations, vos rêves et vos cicatrices. Vous êtes l'artiste de votre propre existence, créant votre chef-d'œuvre à chaque pas du chemin.

Comme un explorateur intrépide, vous partez à la découverte de ces stratégies d'adaptation, ces précieux outils qui vous permettent de naviguer à travers les mers agitées de la vie. Vous êtes le capitaine de votre propre navire, traçant votre route à travers les tempêtes et les eaux calmes, tout en explorant les ressources dont vous disposez.

Chaque choix que vous faites est une note dans votre symphonie personnelle, chaque décision un pinceau de couleur sur votre toile intérieure. C'est un voyage d'exploration et de découverte, une aventure dans laquelle vous apprenez à mieux vous connaître, à comprendre vos propres réactions et à cultiver la sagesse nécessaire pour faire face aux défis.

Alors, soyez bienveillant envers vous-même dans ce voyage. Comme un ami de confiance, tendre et compréhensif, accompagnez-vous avec amour et compassion. Le chemin peut être parsemé d'obstacles, mais il est également pavé de moments de beauté, de croissance et d'accomplissement.

Sachez que vous êtes unique, précieux, et que vos stratégies d'adaptation sont le fruit de votre propre expérience. Il n'y a pas de modèle unique à suivre, pas de formule magique. Au lieu de cela, embrassez votre singularité et laissez-vous guider par votre propre sagesse intérieure.

Dans cette danse entre l'ombre et la lumière, entre les défis et les triomphes, vous sculptez votre propre chemin vers la résilience. Chaque pas en avant est une victoire, chaque moment de compréhension est une perle de sagesse. C'est ainsi que vous grandissez, que vous évoluez, que vous devenez la meilleure version de vous-même. Et rappelez-vous toujours, vous êtes votre propre chef d'orchestre, dirigeant la symphonie de votre vie avec grâce et détermination.

Prise en charge adaptée pour un enfant à risque réplicatif

Dans le jardin complexe de la vie, chaque enfant est une fleur unique, avec des besoins spécifiques et des nuances particulières. Face à la possibilité d'un deuil réplicatif, notre rôle est de devenir les jardiniers bienveillants de ces jeunes âmes. Tel un artisan attentionné, nous devons sculpter une réponse adaptée, en harmonie avec la mélodie de leur vie.

La première note de cette symphonie d'accompagnement est le soutien émotionnel. Tout comme une plante a besoin d'eau et de lumière pour grandir, un enfant nécessite un environnement émotionnel stable et bienveillant. Nous devons être le sol fertile qui nourrit leurs racines fragiles, les protégeant des tempêtes émotionnelles qui les entourent.

Les séances de conseil individuel ou de groupe sont les rayons de soleil qui percent les nuages sombres du chagrin. Elles offrent à l'enfant un espace sécurisé pour explorer ses émotions, pour partager ses peurs et ses espoirs. Imaginez ces séances comme des bulles d'air dans les profondeurs de l'océan du deuil, offrant un précieux moment de répit.

Ensuite, il y a l'importance cruciale de la communication. Tout comme les branches d'un arbre se déploient pour atteindre la lumière, nous devons ouvrir les canaux de dialogue avec l'enfant. La parole est le lien qui unit les cœurs, qui permet à l'enfant de partager ses pensées, ses inquiétudes, et ses souvenirs précieux de son être cher disparu.

Les services de conseil et de soutien familial sont comme les racines d'un arbre, ancrant la famille dans la terre nourricière de la compréhension mutuelle. La famille, tout comme les branches de l'arbre, doit s'étendre et grandir ensemble pour créer un abri sûr où l'enfant peut s'épanouir.

Enfin, n'oublions pas l'importance de l'éducation et de la sensibilisation. Tout comme une plante a besoin de connaître son environnement pour croître, l'enfant a besoin de comprendre le deuil et le processus de guérison. Les programmes éducatifs et les ressources adaptées à l'âge de l'enfant sont les livres qui enrichissent son esprit, l'aidant à comprendre la nature complexe de la vie et de la mort.

L'environnement social et communautaire de l'enfant est le terreau qui nourrit sa croissance. Il est essentiel que l'école, les amis et la communauté soient conscients de la situation et offrent un soutien continu. Imaginez-les comme les rayons bienveillants du soleil qui caressent la plante, l'aidant à grandir vers la lumière.

En somme, chaque enfant est une fleur unique dans le jardin de la vie. Notre devoir est d'être les jardiniers dévoués qui veillent sur eux, qui les arrosent d'amour et de compréhension, qui les aident à grandir malgré les défis du deuil réplicatif. Dans cette symphonie de vie, chaque note est importante, chaque geste d'amour est une mélodie qui guide l'enfant vers la guérison et la croissance.

Haut du formulaire

Dans le vaste jardin de l'enfance, il est impératif de cultiver bien plus que de simples connaissances académiques. Nous devons offrir à chaque enfant un rayon de soleil, une lueur d'espoir, pour éclairer leur chemin à travers les ténèbres de la douleur et du deuil.

Tout d'abord, ces rayons de soleil se matérialisent à travers des activités sociales et récréatives. Ils sont comme des ailes qui aident l'enfant à s'envoler vers des horizons plus légers. Ces moments de joie et d'amusement restaurent la confiance de l'enfant en lui-même, lui permettent de goûter à la douceur de la vie malgré les épreuves.

Ensuite, il y a la nécessité de guider l'enfant à travers le dédale de la mort et de la perte. Ces expériences sont comme des montagnes à gravir, des océans à traverser. Nous devons être leurs guides bienveillants, leur montrer comment naviguer ces eaux tumultueuses d'émotions. Comme un phare dans la nuit, nous devons les éclairer, leur permettre d'exprimer leurs sentiments et de trouver la paix au milieu de la tempête.

La création de souvenirs et de moments de commémoration est un autre aspect essentiel. Ils sont comme des toiles sur lesquelles l'enfant peut peindre les couleurs de son amour et de sa mémoire pour l'être cher disparu. Comme un artiste qui façonne une œuvre d'art, l'enfant peut créer des moments précieux qui maintiennent le lien vivant, malgré la distance physique.

Enfin, il est impératif de travailler ensemble, en harmonie, comme une symphonie bien orchestrée. La famille, les enseignants, les intervenants communautaires, tous doivent unir leurs forces pour soutenir l'enfant. Comme une ruche d'abeilles qui construit sa demeure avec une précision incroyable, nous devons collaborer pour entourer l'enfant de soins et d'amour.

Ainsi, dans ce voyage parfois sombre et chaotique de la vie, nous devons être les jardiniers, les guides, les créateurs de souvenirs et les artisans du soutien. Chaque enfant est une étoile brillante dans notre univers, et il est de notre devoir de veiller à ce qu'ils brillent malgré les nuages sombres qui pourraient obscurcir leur ciel. Avec amour, compréhension et une volonté inébranlable, nous pouvons éclairer leur chemin et les aider à s'épanouir dans la lumière de la vie.

Études de cas

Dans l'abondante littérature en psychologie et en psychothérapie, on peut trouver de nombreux cas qui éclairent les expériences de jumeaux confrontés au deuil. J'aimerais partager avec vous une étude de cas, comme une histoire illustrative, parue dans une revue scientifique.

Rencontrons les jumeaux « A » et « B » qui ont dû faire face à la perte de leur mère à l'âge tendre de neuf ans. Leur père, qui a été fortement affecté par le départ de sa partenaire de vie, a du mal à s'occuper d'eux. Peu de temps après le décès de leur mère, les signes de troubles comportementaux et de difficultés scolaires chez les jumeaux sont apparus.

Lorsqu'ils ont été présentés à un psychologue, ils ont tous deux exprimé leur colère et leur tristesse associées à la disparition de leur mère. « A » a également rapporté des cauchemars récurrents dans lesquels il assistait à la mort de sa mère, tandis que « B » affirmait ne pas avoir de souvenirs d'elle.

Le psychologue a embarqué avec les jumeaux dans le voyage de leur guérison. Pour aider « A » à apaiser ses cauchemars et « B » à se remémorer sa mère, il a utilisé des techniques de thérapie comportementale et cognitive. De plus, il a soutenu leur père pour l'aider à prendre soin de ses enfants et à leur offrir le soutien émotionnel nécessaire.

Lors des sessions suivantes, des bourgeons de progrès ont commencé à éclore chez les jumeaux. « A » a réussi à réduire la fréquence de ses cauchemars, et « B » a commencé à se remémorer sa mère. Les problèmes comportementaux et scolaires ont également commencé à s'estomper. Même après la fin de la thérapie, les jumeaux ont continué à bénéficier d'un soutien psychologique et ont montré une progression significative à long terme.

Cette étude de cas est un témoignage de la manière dont un soutien psychologique adapté peut aider des jumeaux endeuillés à surmonter les défis liés à la perte d'un parent et à retrouver un équilibre dans leur vie.

La perte d'un jumeau, c'est comme si le miroir de l'âme se brisait, laissant derrière lui une réflexion incomplète. Dans ce lien unique tissé depuis la naissance, les jumeaux partagent tout, des premiers battements de cœur aux secrets les plus profonds de l'âme. Quand un jumeau s'éclipse de ce monde, la douleur qui en découle est profonde et complexe.

C'est une perte qui ne peut être tout à fait comprise que par ceux qui ont vécu cette connexion spéciale. L'autre moitié du tout, cette personne qui connaissait vos pensées avant même que vous ne les ayez formulées, s'en est allée. Le vide est béant, la tristesse est insondable. On se sent comme un arbre déraciné, privé de ses racines, flottant dans le vide.

La culpabilité peut s'insinuer insidieusement, comme une ombre dans l'esprit du jumeau survivant. "Pourquoi n'ai-je pas pu l'empêcher de partir ?" se demandent-ils. C'est une question qui hante leurs pensées, une question à laquelle il est impossible de répondre. La réalité est que la vie est imprévisible, que la mort est inéluctable, même pour les jumeaux.

Le chemin de la guérison est long et sinueux. Il est important que le jumeau survivant soit entouré de soutien, de compréhension et d'amour. Comme une plante qui a besoin de soins constants pour repousser après avoir été brisée, le jumeau a besoin de temps et d'attention pour se reconstruire.

La perte d'un jumeau est une épreuve que peu de gens comprendront vraiment. C'est une blessure invisible, un fardeau silencieux. Mais avec le temps, la compassion et le soutien, le jumeau survivant peut trouver la force de continuer. Comme une étoile solitaire dans la nuit, leur lumière continue de briller, témoignant de l'amour éternel qui les relie à jamais à leur frère ou leur sœur disparu.

Chaque enfant est un univers en soi, une étoile unique dans la vaste galaxie de l'existence. Ainsi, la perte d'un jumeau, cette âme sœur avec qui l'on partageait le berceau de la vie, affecte chaque enfant de manière tout à fait singulière. Dans cette symphonie de réactions, certaines notes sont plus sombres que d'autres.

Les recherches nous dévoilent un tableau troublant : la perte d'un jumeau peut projeter son ombre sur la santé mentale du jumeau survivant. Les écueils sont nombreux, des vagues de dépression aux tourments de l'anxiété, en passant par les abysses des troubles alimentaires. La détresse de l'âme sœur absente peut engendrer des tempêtes intérieures.

Face à cette mélodie de souffrance, il devient impératif de tendre la main. L'enfant jumeau en deuil a besoin d'un phare pour guider son navire dans ces eaux tumultueuses du deuil. Il est essentiel de créer un havre de sécurité émotionnelle, une île où les émotions peuvent être exprimées sans jugement ni retenue.

Les techniques de "coping", ces stratégies d'adaptation face au deuil, sont aussi variées que les étoiles dans le ciel nocturne. Chaque enfant, chaque histoire est une étoile filante unique, et les approches doivent être sur mesure. Les thérapies individuelles et de groupe se révèlent précieuses pour permettre à ces jeunes âmes de mettre des mots sur leurs maux, de trouver une voie à travers les ténèbres de la perte, et d'explorer des chemins de lumière pour poursuivre leur voyage.

Mais n'oublions pas que les parents et les proches sont les guides les plus précieux dans cette aventure. Leur amour, leur soutien et leur compréhension sont comme le vent qui remplit les voiles du navire de l'enfant. Ils sont la boussole qui indique la direction, la lumière qui dissipe l'obscurité.

Ainsi, dans ce ballet de larmes et de souvenirs, chaque enfant est une étoile brillante dans le firmament de la vie. Et notre devoir est de les accompagner, de les soutenir, de leur offrir l'amour et la compréhension nécessaires pour qu'ils continuent à briller, même dans l'obscurité de la perte. La symphonie de la vie continue, avec ses notes douces et ses crescendos dramatiques, et chaque enfant, même dans la solitude de sa douleur, continue à jouer son rôle mélodieux dans cette grande composition.

Le deuil, tel un voyage mystérieux à travers les méandres de l'âme humaine, révèle sa complexité en touchant chaque fibre de notre être. Les émotions, les douleurs, les questionnements, les interactions sociales, les pensées, et même la dimension spirituelle de l'individu sont façonnées par cette expérience transcendante. Dans ces pages, j'ai partagé des histoires poignantes qui nous plongent dans les dédales intimes du deuil, illustrant la diversité des réactions et des besoins qui émergent lors de ce périple.

Tout comme chaque être est unique, chaque chemin de deuil est singulier. Les stratégies d'adaptation, les mécanismes de survie, les étapes du deuil varient d'une personne à l'autre. Nous devons donc offrir un soutien sur mesure, un accompagnement personnalisé qui reflète la réalité et les aspirations de chaque individu endeuillé.

Malgré les ténèbres qui peuvent sembler éternelles, il est vital de comprendre que le deuil n'est pas une impasse. La lumière, aussi faible soit-elle, continue de briller quelque part dans l'univers du cœur meurtri. Surmonter la douleur initiale, retrouver un sens à la vie, et donner voix à la mémoire de nos êtres chers font partie de ce voyage de transformation. Les ombres du deuil peuvent assombrir le chemin, mais elles ne l'obstruent pas définitivement.

Le temps est un allié précieux dans ce périple. Il nous offre l'espace nécessaire pour honorer notre douleur, pour tisser les fils du souvenir, et pour apprendre à vivre avec le poids de l'absence. La patience envers soi-même, une douce tolérance face à nos larmes et nos peines, sont des compagnons fidèles dans cette traversée de l'obscurité.

Alors, que chacun d'entre nous se souvienne, que le deuil est un voyage intérieur, unique à chaque âme, où les émotions, la souffrance, la guérison, et finalement la résilience, se mêlent dans un ballet mystique. Dans ces mots, dans ces récits, nous trouvons l'essence même de la vie, une célébration de notre humanité et de notre capacité à transcender les douleurs les plus profondes pour atteindre la lumière.

La durée du deuil

Naviguer dans l'océan tumultueux du deuil est un périple personnel et déchirant, où chaque individu trace son propre chemin. Au milieu de cette tempête émotionnelle, voici quelques phares qui pourraient vous guider dans l'obscurité de votre chagrin :

Avant tout, accordez-vous le droit d'éprouver vos émotions. Le deuil est une danse complexe avec le temps, une valse mélancolique qui invite une multitude d'émotions à prendre part à son bal. La tristesse, la colère, la frustration, la culpabilité, toutes ces émotions sont des partenaires légitimes dans cette danse. Elles sont les notes de votre symphonie de chagrin, et il est essentiel de les accueillir, de les ressentir pleinement, sans jugement ni retenue.

Parlez de votre bien-aimé disparu, évoquez sa présence dans votre vie. Partagez ses histoires, ses souvenirs, et les émotions qui les accompagnent avec votre famille, vos amis. Cette connexion verbale, cette communion de souvenirs, peut avoir un effet thérapeutique profond. À travers les mots, nous tissons des liens invisibles avec ceux que nous avons perdus, nous honorons leur mémoire et nous continuons à les faire vivre dans nos cœurs.

Prenez soin de vous, tant physiquement qu'émotionnellement. Comme un marin qui prend soin de son navire pour qu'il puisse traverser les tempêtes, prenez le temps de vous reposer, de manger sainement, et de faire de l'exercice. Votre corps est le vaisseau qui vous transporte à travers ce voyage difficile, et il mérite toute votre attention et votre bienveillance.

Soyez patient avec vous-même. Le deuil n'a pas de calendrier, pas d'horaires à respecter. Chaque personne avance à son propre rythme, et il est essentiel de vous laisser la liberté de ressentir, de guérir, et de reconstruire votre vie à votre manière. La patience envers vous-même est un baume apaisant pour l'âme blessée.

Enfin, cherchez un soutien lorsque cela est nécessaire. Comme un navigateur solitaire qui demande de l'aide lorsque les vagues sont trop hautes, n'hésitez pas à solliciter le soutien de professionnels de la santé mentale, de groupes de soutien ou de conseillers spirituels. Vous n'êtes pas seul dans cette traversée, et il existe des mains tendues pour vous aider à affronter les moments les plus sombres.

Le deuil est une mer déchaînée, mais à travers la douleur et la souffrance, il y a aussi la promesse d'une transformation. C'est une épreuve qui peut nous amener à découvrir une force intérieure que nous ne soupçonnions pas. C'est une danse avec les étoiles, où nos bien-aimés continuent à briller, même s'ils ne sont plus physiquement à nos côtés. Et c'est une invitation à chérir la vie, à célébrer l'amour et à honorer la mémoire de ceux que nous avons aimés et perdus.

Cultivez l'amour de vous-même avec une tendresse infinie, car le deuil est un voyage éreintant qui peut épuiser jusqu'à la moindre parcelle de votre être. Prenez soin de votre corps comme d'un précieux jardin, en vous nourrissant adéquatement, en faisant régulièrement de l'exercice, et en vous accordant le repos dont vous avez besoin. Faites de l'auto guérison une priorité, car vous êtes la source de votre propre réconfort.

Engagez-vous dans une activité qui vous ressource, qui éveille cette étincelle de vie en vous, cette flamme douce qui refuse de s'éteindre. Peut-être est-ce la promenade solitaire dans la nature, la méditation qui apaise l'âme tourmentée, ou la lecture qui vous transporte vers d'autres mondes. Trouvez ce qui vous permet de vous reconnecter avec la joie, même si elle semble lointaine.

N'ayez pas peur de demander de l'aide à un professionnel, car il n'y a pas de honte à chercher des réponses dans les moments les plus sombres.

Un psychologue, un conseiller, ils peuvent vous offrir des perspectives nouvelles, des outils pour traverser cette tempête émotionnelle, et un espace de parole où vos douleurs peuvent se dévoiler en toute sécurité.

Souvenez-vous toujours que le deuil est un voyage, pas une destination. Chaque personne trace son propre chemin, et il n'y a pas de « guérison » totale, mais un apaisement progressif. La douleur peut s'estomper avec le temps, mais elle laisse des cicatrices qui témoignent de l'amour que vous portez à ceux que vous avez perdus. Continuez à vivre, cherchez de nouvelles façons de faire place à votre deuil dans votre réalité quotidienne, et apprenez à vivre avec lui comme un compagnon silencieux.

Ayez foi, toujours, en la capacité infinie de votre cœur à guérir et à trouver une nouvelle normalité, même au cœur de la nuit la plus sombre. Chaque jour est une occasion de grandir, d'apprendre, et de faire un pas de plus vers la lumière. Le deuil peut sembler sans fin, mais votre cœur est le phare qui vous guidera à travers les eaux troubles jusqu'à la sérénité retrouvée. Le temps peut adoucir la douleur, mais l'amour que vous portez à vos êtres chers perdus brillera toujours dans les recoins les plus profonds de votre âme.

La résilience à long terme

La force de l'esprit humain, cette lumière intérieure qui brille même dans les ténèbres les plus profondes, c'est la résilience. Elle est la preuve vivante de notre capacité à nous relever après chaque chute, à affronter la tempête des événements traumatisants, à reconstruire notre monde après le deuil. Elle est le roc solide sur lequel nous bâtissons notre chemin vers la guérison.

La résilience à long terme, c'est l'art de maintenir l'équilibre de la vie, même au milieu des ombres. C'est la promesse que la lumière finira par percer les nuages les plus sombres, que la tristesse cédera la place à la joie, que la douleur s'apaisera pour laisser place à la paix. Mais il est important de se rappeler que la résilience n'est pas une constante inébranlable. Elle peut vaciller, chanceler sous le poids de la douleur, et c'est tout à fait naturel. Les moments de faiblesse ne sont pas des échecs, mais des étapes cruciales vers une plus grande force.

Dans cette quête de résilience, le soutien des autres joue un rôle vital. Nous devons tendre la main à ceux qui souffrent, les encourager à continuer à avancer malgré la perte. C'est comme leur offrir une main amie pour les aider à traverser le torrent de la douleur. Nous devons les inspirer à embrasser la vie, à redécouvrir les petites joies du quotidien, à trouver de nouveaux centres d'intérêt, à tisser de nouvelles trames dans le tissu de leur existence.

Le deuil est un voyage difficile, un voyage qui nous met à l'épreuve, qui nous pousse à nos limites. Mais au cœur de cette épreuve, nous pouvons découvrir des trésors cachés, des réservoirs de résilience que nous ne soupçonnions pas. Nous pouvons nous émerveiller de la force silencieuse qui réside en nous, de notre capacité à nous réinventer, à renaître de nos cendres.

Chacun de nous porte en lui cette flamme intérieure, cette étincelle de résilience. Elle peut sembler fragile par moments, mais elle ne s'éteint jamais complètement. Elle est la source de notre persévérance, de notre capacité à surmonter l'adversité. Elle est le fil conducteur qui nous guide à travers les méandres du deuil, nous rappelant que la lumière finira toujours par briller à nouveau.

Alors, lorsque vous traversez ces moments sombres, lorsque la douleur semble insurmontable, rappelez-vous de la résilience qui sommeille en vous. Elle est la clé de votre guérison, le trésor caché au cœur de la tempête. Cultivez-la, nourrissez-la, et elle vous conduira vers la lumière. Chaque pas que vous faites sur ce chemin, chaque effort que vous déployez pour continuer à avancer malgré la douleur, est un pas de plus vers la guérison.

La résilience, c'est l'histoire de l'humanité, une histoire de courage, de persévérance et de renaissance. Elle est le témoignage de notre capacité à surmonter les pires épreuves, à trouver la force de continuer à vivre, à embrasser la vie malgré la perte. Elle est le reflet de notre résolution inébranlable de trouver la lumière, même au cœur de l'obscurité.

N'oubliez jamais que vous êtes plus fort que vous ne le croyez, que la résilience coule dans vos veines, que vous avez en vous la capacité de surmonter toutes les tempêtes. La vie peut être dure, le deuil peut être déchirant, mais avec la résilience comme guide, vous pouvez naviguer à travers les eaux troubles jusqu'à la sérénité retrouvée. La lumière finira par briller à nouveau, et votre cœur, plus fort que jamais, continuera de battre au rythme de la vie.

Les fils invisibles de nos relations sociales tissent la trame de notre résilience. Dans les moments de solitude et de désespoir, ces liens deviennent notre bouée de sauvetage, nous empêchant de sombrer dans l'abîme de la douleur. Les relations saines sont comme des ancres, elles nous ancrent dans la réalité et nous empêchent de dériver vers l'isolement.

Cultiver ces relations, les nourrir et les préserver, c'est l'une des clés de la résilience. Nous devons apprendre à nous entourer de personnes qui nous soutiennent, qui écoutent nos peines, qui partagent nos joies. Ces connexions humaines sont notre remède contre la solitude, notre refuge dans la tempête.

Mais la résilience ne se limite pas à l'entourage social. Elle repose aussi sur notre capacité à naviguer dans l'océan tumultueux de nos émotions. Les émotions sont comme les vagues de la mer, elles peuvent nous submerger si nous ne savons pas comment les apprivoiser. C'est pourquoi il est essentiel d'apprendre à les accueillir, à les comprendre, à les gérer sans se laisser engloutir.

Dans cette quête de résilience, la thérapie devient notre boussole. Elle nous guide à travers les méandres de nos pensées et de nos sentiments. La thérapie par la parole offre un espace sûr pour exprimer nos émotions, nos douleurs, nos espoirs. Elle nous apprend à mettre des mots sur notre souffrance, à la partager avec un autre être humain compatissant.

La thérapie d'acceptation et d'engagement nous enseigne l'art de coexister avec la douleur tout en poursuivant nos valeurs profondes. Elle nous montre que la vie peut être douloureuse, mais que nous pouvons choisir d'avancer malgré tout, de continuer à vivre une vie qui a du sens pour nous.

La thérapie de la résilience et la thérapie comportementale cognitive remodèlent notre perception des événements de la vie. Elles nous aident à voir la lumière au bout du tunnel, à changer notre façon de penser et de réagir aux défis. Elles nous donnent les outils pour renforcer notre résilience, pour devenir plus forts face à l'adversité.

La résilience à long terme n'est pas une destination, mais un voyage. Un voyage ponctué d'obstacles, de douleurs et de doutes, mais aussi d'émerveillements, de croissance et de transformation. Avec les bonnes cartes en main, le soutien de nos proches et la volonté de progresser, nous pouvons tous entreprendre ce précieux voyage.

La résilience, c'est la capacité de l'âme humaine à se réinventer, à s'élever au-dessus des épreuves, à trouver la force de continuer à aimer, à grandir et à vivre malgré tout. C'est la preuve que même dans l'obscurité la plus profonde, une lueur d'espoir peut briller. La résilience, c'est l'histoire de chaque être humain, une histoire de courage, de persévérance et de renaissance.

N'oubliez jamais que vous êtes plus fort que vous ne le croyez. La résilience coule dans vos veines, elle est la force qui vous pousse à avancer, à surmonter les défis de la vie. Chaque pas que vous faites sur ce chemin, chaque émotion que vous accueillez, chaque lien que vous cultivez, vous rapproche un peu plus de la résilience. Et avec la résilience comme alliée, vous pouvez affronter n'importe quelle tempête, trouver la paix dans la douleur et continuer à avancer, pas à pas, vers une vie pleine de sens et de joie.

Témoignages

Chaque être humain a sa propre histoire, unique et précieuse. C'est le cas également quand il s'agit du deuil. En tant que tel, partager des histoires vécues par ceux qui ont traversé l'abîme du deuil est un élément essentiel dans tout livre traitant de ce sujet. Ces témoignages peuvent allumer des étoiles dans l'obscurité de ceux qui traversent cette dure épreuve, les aidant à comprendre qu'ils ne sont pas seuls. Ils pourront y voir la résonance universelle du deuil, une expérience qui transcende l'âge, le sexe et la situation familiale.

Peut-être pourrions-nous parcourir ensemble le chemin de plusieurs personnes : des femmes et des hommes, des jeunes adultes, des enfants, et même des individus ayant perdu un jumeau ou un membre de leur famille proche. Les différences dans la façon dont ils vivent leur deuil, les défis uniques qu'ils rencontrent, mettent en relief la diversité de cette expérience.

En suivant leur périple, nous observerons les montagnes qu'ils ont dû franchir, les rivages de désespoir qu'ils ont dû traverser. Et au cœur de chaque récit, nous découvrirons les outils, les stratégies qu'ils ont déployées pour faire face à leur deuil. Chacun à sa façon, ils sont parvenus à forger leur propre résilience à long terme.

Cependant, ces histoires ne sont pas des scripts à suivre à la lettre. Le deuil n'est pas une chorégraphie uniforme, chaque danse est unique. Ces récits servent plutôt de phares dans la nuit, des lumières illustrant qu'il y a autant de manières de vivre le deuil qu'il y a d'individus.

L'une des leçons primordiales de ces histoires est l'importance de demander de l'aide. Si vous-même ou un être cher traversez un deuil et éprouvez des difficultés, n'hésitez pas à solliciter le soutien d'un professionnel de la santé mentale.

Il faut comprendre que chaque deuil est unique. Certaines personnes peuvent avoir des réactions différentes, et c'est parfaitement normal. Les témoignages mettent en lumière cette complexité, rappelant que le deuil n'est pas un processus linéaire, mais un voyage sinueux, ponctué de hauts et de bas.

La présence de témoignages dans nos récits est également un rappel que ceux qui sont en deuil ont besoin de soutien et d'empathie. Ils offrent une perspective précieuse sur la façon dont nous pouvons être présents pour nos êtres chers en deuil, et comment les écouter, être là pour eux et les aider à trouver des voies pour apaiser leur douleur.

Enfin, ces témoignages illustrent un espoir puissant : malgré la difficulté du voyage, la résilience est à portée de main. Ces récits de survie et de retrouvailles avec un sens de la vie après le deuil peuvent infuser de l'espoir dans les cœurs des lecteurs, les incitant à continuer à vivre malgré leur douleur. En partageant ces histoires, nous pouvons tous apprendre, grandir et, finalement, trouver la lumière dans l'obscurité.

Imaginons ensemble quelques histoires qui illuminent les divers visages du deuil. Ces récits fictifs servent à nous mettre en lien avec la profondeur de la peine humaine, et en même temps, ils nous montrent comment la résilience peut être trouvée même dans les situations les plus tragiques.

Visualisons d'abord Élodie, une jeune femme dans la fleur de l'âge, 30 ans. Elle est soudainement veuve suite à un accident de travail qui a emporté son mari. Imaginez la montagne de douleur qu'elle doit gravir, non seulement pour son propre cœur brisé, mais aussi pour leurs deux enfants qu'elle doit désormais élever seule. La question du sens de la vie revient sans cesse, comme une ombre persistante. C'est en s'engageant dans des causes qui résonnent profondément en elle qu'elle réussit à retrouver le goût de la vie, une joie qui semblait perdue.

Imaginons Marie, une femme de 45 ans qui a perdu son mari dans un accident de voiture. Les premières semaines ont été comme un brouillard épais dans lequel elle errait ; elle était incapable de se concentrer, de prendre des décisions ; elle éprouvait de la colère envers son mari pour son imprudence. Avec le temps, elle a trouvé un certain réconfort dans les souvenirs doux et amusants qu'elle avait de son mari, dans les activités qu'ils aimaient partager ensemble. Elle a trouvé un certain réconfort en prenant soin d'elle-même, en s'adonnant à l'exercice et en s'accordant des moments de détente. Bien qu'il y ait encore des moments de tristesse, elle est maintenant capable de continuer à vivre sans son mari, nourrissant une gratitude pour les années qu'ils ont partagées ensemble.

Parlons ensuite de Jean, un homme de 55 ans, qui a dû dire adieu à sa fille unique, emportée par le cancer. Visualisez les vagues de douleur qui ont écrasé sa vie, la réalité cruelle de la perte se faisant de plus en plus évidente. La guérison pour Jean se trouve dans des activités qui l'apaisent et lui donnent de la joie, comme le jardinage et la méditation. Ces activités deviennent des sanctuaires de tranquillité dans son voyage de deuil.

Regardons Thomas, un enfant de huit ans qui a perdu sa mère dans un accident. Le monde de cet enfant, une fois plein de la chaleur maternelle, est soudainement devenu froid et confus. Pourquoi sa mère n'était-elle plus là pour lui dire bonne nuit ? Mais même dans la confusion, l'espoir émerge. Thomas a trouvé un certain réconfort dans les mots de son père, qui parle doucement de sa mère, tissant une toile de souvenirs pour aider Thomas à surmonter son deuil.

Prêtez maintenant attention au récit d'une femme de 45 ans qui a perdu son mari dans un accident de voiture. Elle a traversé un voyage émotionnel intense, passant par le choc, la colère, le déni et la dépression. C'est en partageant des souvenirs de son mari avec des amis, en participant à des activités qu'ils aimaient ensemble et en cherchant un soutien dans des groupes de personnes endeuillées qu'elle a trouvé du réconfort. Elle a également trouvé la paix en se concentrant sur sa carrière et en veillant à son bien-être physique et émotionnel.

Rencontrons Sophie, une jeune adulte de 22 ans qui a perdu sa moitié, son frère jumeau, dans un accident tragique. Son monde est renversé, elle porte le poids de vivre alors que son jumeau n'est plus là. La culpabilité, cette compagne non désirée, la hante. Elle apprend à naviguer dans les eaux troubles du deuil en se concentrant sur les souvenirs heureux qu'elle partageait avec son frère, et en tissant un nouveau réseau d'amitié. Elle transforme son chagrin en un hommage à la vie de son frère.

Prenons maintenant en considération l'histoire de Sophie, une adolescente de 16 ans qui a perdu sa mère à cause d'un cancer. Les premiers mois après le décès, elle se sentait comme si elle vivait dans un rêve, étrangère à sa propre réalité. Le sentiment de culpabilité de ne pas avoir été assez présente pendant la maladie de sa mère la rongeait, tout comme la colère qu'elle ressentait envers son père et sa famille pour leur incapacité à sauver sa mère. Avec le temps, en partageant ses sentiments avec un thérapeute et ses amis, Sophie a réalisé qu'il est naturel de ressentir de la colère et de la culpabilité. Elle a pris conscience que le passé est immuable, mais que son avenir est dans ses mains et qu'elle peut apprendre à vivre avec la perte. Pour se rappeler des moments heureux, elle a commencé à pratiquer des activités que sa mère et elle aimaient partager, comme la lecture et la cuisine. Engagée dans des œuvres de bienfaisance pour les personnes atteintes de cancer, elle a trouvé un sens et une paix dans la perte de sa mère, témoignant d'une résilience surprenante pour son âge.

Rencontrons ensuite Julien, un garçon de 10 ans dont le père a été emporté par un accident de voiture. Il a dû faire face à l'incompréhension et à la colère envers son père pour l'avoir laissé seul. Grâce à l'aide d'un thérapeute et au soutien d'un groupe de deuil pour enfants, Thomas a trouvé un certain réconfort et commencé à naviguer sur les eaux troubles de son deuil.

Poursuivons avec Sarah, une jeune fille de 14 ans qui a perdu sa sœur jumelle dans un accident de bateau. La douleur de perdre son autre moitié était immense. Elle se sentait coupable de ne pas avoir su protéger sa sœur. En écrivant des lettres à sa sœur décédée et en poursuivant les activités qu'elles aimaient partager, Sarah a trouvé une certaine paix et une connexion durables avec sa sœur.

Imaginons Maxime, un jeune homme de 25 ans, qui a perdu son père à cause d'un cancer. En dépit de son succès et des réalisations dont son père était fier, Maxime s'est retrouvé submergé par le sentiment de culpabilité de ne pas avoir été présent dans les derniers moments de son père. En même temps, une colère sourde envers la maladie et l'injustice de la situation a émergé. En discutant avec d'autres qui ont connu la perte d'un parent et en concentrant son énergie sur ses études et son travail, Maxime a trouvé un chemin vers la guérison. Bien qu'il pense toujours souvent à son père, il a trouvé un certain degré de paix.

Envisageons ensuite l'histoire d'un homme de 50 ans, dont la vie a été bouleversée par la perte de sa femme suite à un cancer. Son récit ressemble à une mélodie douloureuse en alternant tristesse et confusion, acceptation et résilience. Malgré la difficulté de vivre sans sa femme, il a puisé en lui la force nécessaire pour prendre soin de ses enfants. Il a trouvé du réconfort dans la thérapie, la méditation et le soutien des membres de sa famille et de ses amis.

Pensons maintenant à une jeune femme de 25 ans, qui a perdu son frère dans un accident. Elle a traversé une tempête d'émotions, oscillant entre la colère, la tristesse, l'acceptation et la résilience. La vie sans son frère est difficile, mais elle a trouvé une force interne pour prendre soin de ses parents. Son processus de guérison comprend la thérapie, la méditation, et des activités créatives qui lui permettent de transformer sa douleur en expression artistique.

Enfin, présentons David, un garçon de 12 ans qui a perdu son grand-père avec lequel il avait une relation très étroite. La perte a laissé un vide en lui, comme s'il avait perdu une partie de lui-même. Cependant, en partageant des souvenirs de son grand-père avec sa famille et en gardant une photo de lui dans sa chambre, David a trouvé un certain réconfort et une connexion continue avec son grand-père.

Ces récits démontrent que le deuil est une épreuve qui transcende les âges, les genres et les situations personnelles. Chaque histoire de deuil est unique, et pourtant, dans chaque récit réside une étincelle de résilience. Cette étincelle peut nous guider vers la compréhension, la compassion et l'accompagnement de ceux qui sont dans la douleur. Et peut-être que, à travers ces histoires, nous pouvons apprendre à allumer notre propre étincelle de résilience, même dans les moments les plus sombres.

Conclusion

En conclusion, mon désir le plus sincère est que ce livre ait ouvert une nouvelle porte à une compréhension plus profonde de l'expérience du deuil, mettant en lumière les multiples façons dont ce processus peut se manifester. J'ai tenté d'embrasser une multitude de sujets, des diverses étapes du deuil à diverses méthodes d'accompagnement pour ceux en deuil, tout en mettant en évidence les réponses spécifiques et les besoins liés à chaque type de deuil. Des récits personnels de ceux qui ont traversé le feu du deuil ont été inclus pour illustrer l'universalité du deuil, une épreuve qui peut toucher quiconque, n'importe où.

Le deuil est une danse que chaque personne mène à sa propre cadence, unique et incomparable à celle des autres. Il n'existe pas de « bonne » ou de « mauvaise » façon de traverser cette épreuve. Rappelez-vous que le deuil est un voyage plutôt qu'une destination, un processus qui peut demander du temps. Ceux qui sont en deuil méritent du temps, de la compréhension et du soutien, car chaque pas qu'ils font est une étape vers la guérison.

Je tiens à exprimer ma gratitude envers tous les auteurs et professionnels de la santé mentale qui ont éclairé ma recherche pour ce livre. Je vous incite à explorer leurs travaux pour approfondir votre compréhension du deuil et découvrir diverses stratégies d'adaptation. Parmi les voix éminentes dans ce domaine, je recommande Élisabeth Kubler-Ross avec son ouvrage « Le deuil, l'expérience de la perte », J. William Worden et son livre « Les 4 Tâches du deuil », et Irvin Yalom avec son livre « La mort, l'amour, la vie ». En outre, il existe d'innombrables groupes de soutien et thérapies qui peuvent servir de phares pour ceux qui cherchent à traverser l'obscurité du deuil.

En partageant ces mots, mon espoir est que vous vous sentiez moins seul dans votre expérience, que vous trouviez du réconfort dans la connaissance et la compréhension, et que vous trouviez votre propre chemin à travers la complexité du deuil. Souvenez-vous que chaque jour est une nouvelle opportunité pour la guérison, chaque instant est un pas de plus sur le chemin de l'acceptation. Vous n'êtes pas seul dans ce voyage.

En terminant, je vous souhaite à tous une existence empreinte de sérénité et de tranquillité, et ce, malgré les épreuves qui peuvent jalonner votre chemin. Je vous invite à la bienveillance envers vous-même et vous offre des pistes de réflexion pour ceux et celles qui souhaitent porter assistance à des personnes endeuillées, que ce soit des proches, des amis ou des professionnels de la santé mentale. N'oublions pas que chaque deuil est une expérience singulière, il n'existe pas de « formule miracle » pour soulager la peine d'autrui. Cependant, il existe des moyens de devenir un pilier de soutien efficace pour ceux qui traversent un deuil. L'importance de les écouter, de valider leurs sentiments, de leur offrir une présence chaleureuse, de leur accorder de l'espace si nécessaire et de les orienter vers des ressources professionnelles si le besoin s'en fait sentir ne peut être sous-estimée. N'oublions pas que le deuil est un processus qui s'inscrit dans le temps, il est normal de ne pas « guérir » instantanément. Enfin, il est primordial de faire preuve de patience, de compréhension et de continuer à manifester de l'amour et de l'attention à l'égard de la personne endeuillée, même après plusieurs mois ou années.

Quant aux ressources supplémentaires, un océan de livres traitant du deuil peut se révéler d'une aide précieuse pour ceux qui sont en deuil et pour leur entourage. Quelques ouvrages dignes de mention incluent :

— « Le deuil qui ne passe pas » de Élisabeth Kubler-Ross

— « Le deuil : comprendre et surmonter » de Alan Wolfelt

— « A Grief Observed » de C.S. Lewis

— « The Year of Magical Thinking » de Joan Didion

— « Man's Search for Meaning » de Viktor Frankl.

Il existe aussi de nombreux groupes de soutien destinés aux personnes endeuillées, ainsi que différentes thérapies, comme la thérapie par la parole ou la thérapie comportementale, qui peuvent s'avérer bénéfiques pour surmonter le deuil.

Chaque vie est un voyage unique, et même dans la douleur, il y a de précieuses leçons à tirer et de la beauté à découvrir. Mon souhait le plus cher est que vous trouviez, dans ce voyage, la paix et le sens qui illuminent même les moments les plus sombres. Rappelez-vous, dans la douleur comme dans la joie, nous sommes tous ensemble sur cette terre, tous unis par la même humanité.

Did you love *Par-Delà le Deuil*? Then you should read *Épanouissement Émotionnel*[1] by Benak!

[2]

Plongez dans un voyage inspirant au cœur du bien-être émotionnel avec « Épanouissement émotionnel : Naviguer vers le Bien-Être intérieur ». Ce livre vous guide pas à pas dans une quête intérieure pour mieux vous connaître, comprendre vos émotions et cultiver une attitude positive et épanouissante.

Découvrez les clés pour reconnaître et accepter vos émotions fondamentales, comme la joie, la tristesse, la colère, la peur, la surprise, le dégoût, l'envie et l'amour. Apprenez à identifier les émotions secondaires qui en découlent, vous permettant ainsi de mieux appréhender vos réactions émotionnelles.

---

1. https://books2read.com/u/meLvVE

2. https://books2read.com/u/meLvVE

L'auteur vous offre une panoplie d'outils concrets pour réguler vos émotions et gérer le stress au quotidien. Plongez-vous dans des exercices pratiques tels que la respiration profonde, la relaxation, la méditation, la marche méditative, et bien plus encore. Ces pratiques vous permettront de vous détendre, de retrouver votre équilibre émotionnel et de favoriser des relations harmonieuses.

Explorez le pouvoir de la communication efficace dans la gestion des conflits et des différends. Apprenez à exprimer vos émotions de manière ouverte, honnête et respectueuse, renforçant ainsi la qualité de vos relations personnelles et professionnelles.

En adoptant la pratique de la pleine conscience, découvrez comment être pleinement présent à l'instant présent, en vous débarrassant des jugements et des distractions. Cultivez ainsi votre connexion à vous-même, et apprenez à mieux gérer vos états émotionnels.

Enrichi d'exercices pratiques stimulants, ce livre vous invite à explorer votre univers intérieur, à vous familiariser avec vos émotions et à apprendre à les gérer de manière saine et adaptée. Vous développerez ainsi votre empathie et votre compassion envers vous-même et les autres.

Le bien-être émotionnel est un voyage continu, unique pour chaque individu. Ce livre vous incite à accorder du temps et de la patience à votre développement émotionnel, vous permettant ainsi d'évoluer vers une vie plus équilibrée, épanouie et pleinement vécue.

Alors, plongez dans cette aventure captivante et embrassez la beauté du processus d'apprentissage et de lâcher-prise, pour transformer votre vie en une œuvre d'art empreinte de compassion et d'amour.

Also by Benak

Desarrollo Personal
Bachillerato : Las Claves del Éxito
Plenitud Emocional: Navegar Hacia el Bienestar Interior
El Caso Beur
Más Allá de la Muerte
De la Timidez a la Confianza
Amar y Sufrir

DÉVELOPPEMENT PERSONNEL
BAC : Les Clés du Succès
Épanouissement Émotionnel
Au-delà de la Mort
De la Timidité à la Confiance
Aimer et Souffrir
Par-Delà le Deuil

La Epopeya Ucraniana: Amor y Conflicto
Ecos Desde Crimea
Un Amor Ukranio
Risas y Lágrimas

Babi Yar

L'Épopée Ukrainienne : Amour et Conflit
Les Échos De La Crimée
Un Amour Ukrainien
Amour Et Guerre, Rires Et Pleurs
Babi Yar

Personal Development
Baccalaratte : Strategies for Success
Emotional Fulfillment
The Beur Case
Beyond Death
From Shyness to Confidence
Love and Suffering

The Ukrainian Epic: Love and Conflict
Echoes From Crimea
Ukrainian Love
Cry & Laugh
Babi Yar

Standalone
Jungle Odyssey
Odisea En La Selva
Odyssée De La Jungle

Milton Keynes UK
Ingram Content Group UK Ltd.
UKHW030619061024
449204UK00001B/44